70 trucos para sacarle brillo a tu novela

(Corrección básica para escritores)

Gabriella Campbell

Este libro está dedicado a toda persona que, tras treinta vueltas de corrección, ha abierto su libro publicado para encontrar una errata en la primera página.

Índice:

Introducción

Una vez pregunté a todos mis amigos autores qué parte de escribir les parecía más difícil.

Según el tiempo que lleves escribiendo, según tu nivel de habilidad o experiencia, tus demonios serán diferentes. Para algunos lo realmente difícil es ponerse, concentrarse, encontrar un hueco en sus vidas para crear. Para otros, que ya han superado ese bache y son auténticos monstruos de la productividad, la complicación está en el proceso de publicar y de llegar a los lectores. Para otro grupo más, el desánimo proviene del miedo, de la inseguridad y de todo tipo de obstáculos emocionales.

Pero en las respuestas de mis colegas de profesión había algo que sobresalía, que se repetía. Algo que parecía afectar a casi todos los grupos, a todos los niveles.

Corregir.

Ese monstruo.

Conozco a un escritor al que le gusta revisar. Lo prometo. Lleva muchos libros a sus espaldas y dice que disfruta mucho del proceso de esculpir el texto, de darle una forma aceptable. Tal vez este escritor está loco. Tal vez se ha liberado de todos sus demonios y vive en un mundo feliz de revisiones interminables. Seguro que no es el único.

Pero para la mayoría es algo de lo más complicado. No es solo por el puro tedio de leernos, una y otra vez, a nosotros mismos; está en el hecho de que somos escritores y no podemos mirar nuestros textos con objetividad. Nuestros textos no son más que la suma de lo que conocemos y de las habilidades que tenemos. Necesitamos a alguien de fuera para que intervenga y nos ayude, que nos preste otro punto de vista.

Ahí entra el corrector.

En un mundo ideal, todos tendríamos correctores (y les pagaríamos lo que merecen: otro día hablamos sobre lo que significa intentar sobrevivir como corrector).

¿Y si no podemos permitirnos un corrector? Porque trabajamos con una editorial pequeña (o una grande que prescinde de los servicios de profesionales en condiciones) o porque nos autoeditamos y somos pobres. Hay más razones. Yo siempre insistiré en la necesidad de otro par de ojos que revisen un texto (aunque sea tu madre, tu vecino o tu primo el profe de Lengua) y si son profesionales y remunerados, mucho mejor.

Pero antes siquiera de que un corrector (o nuestra madre, o nuestro vecino o nuestro primo el profe de Lengua) le meta mano a nuestra sagrada obra, ¿qué podemos hacer para tenerla en las mejores condiciones?

Si queremos enviar nuestro manuscrito a una editorial, ¿qué pasos podemos dar para sacar el máximo provecho a nuestra novela?

Y si queremos autoeditar, ¿qué podemos hacer con nuestro texto para ofrecerles a nuestros lectores la mejor experiencia posible?

La respuesta no está en un librito de unas 30000 palabras. Tampoco lo estaría en una guía completa de corrección (la empecé a escribir, lo prometo, pero a los tres capítulos largos sobre ortografía decidí abandonar. Si como escritor te aburres a ti mismo, imagínate qué pensarán tus lectores).

Tampoco voy a entrar en estrategias complejas de edición de estructura (eso lo dejamos para otro día, pero puedes echar un ojo a este artículo si te apetece analizar a fondo las estructuras más comunes para planificar y corregir novela: http://www.gabriellaliteraria.com/planificar-tu-novela/). Aquí, en este librito, quiero intentar darte algunas ideas, una suerte de lista de tareas para ir tachando, que pueda servir para detectar y corregir posibles errores y fallos.

Aparte de mi labor como escritora, llevo años editando, corrigiendo y realizando informes de lectura para particulares y empresas. Esta obra es un recopilatorio de los problemas más frecuentes con los que me he encontrado en los manuscritos con los que he trabajado y es un intento de ofrecer soluciones a todos esos problemas. No están todos (la escritura es un mundo complejo, con un límite muy borroso entre lo técnico, objetivo, y la subjetividad de quien lee): solo los más habituales, solo los setenta más comunes.

Ten en cuenta, amigo lector, que no todos los que escriben están en el mismo nivel. Algunos llevan años practicando, otros acaban de empezar. Algunos son buenos conocedores de cómo funciona la lengua, otros todavía se pelean con la ortografía. Este libro intenta explicarlo todo desde un punto de vista básico, para que su comprensión sea apta para cualquiera. Según tu nivel, algunos puntos pueden parecerte evidentes, pero seguro que encuentras algo que te sirva.

A continuación te ofrezco setenta trucos, ideas, tareas o filtros que aplicar a tu novela.

Sobrevivirá, te lo aseguro. Y el resultado será radiante.

Instrucciones para usar este libro

Enfrentarse a una corrección puede parecer una tarea ardua, así que será mejor tomárnosla con tranquilidad e ir paso a paso. Para empezar, esto es lo que puedes hacer para sacarle el máximo rendimiento a este libro:

a) Necesitarás, como es lógico, un texto listo para corregir (este libro está enfocado sobre todo a novelas, pero también puede servir para relatos cortos y largos).

b) Hazte un té, o un café o cualquier brebaje (preferiblemente legal) que agudice tu concentración. Acomódate en tu lugar de trabajo favorito.

c) Lee el libro por encima, capítulo a capítulo. Toma nota de aquellos puntos que consideres que podrían aplicarse a tu caso, esas cosas que ni te habías planteado o que sabes que suelen fallarte al escribir. También puedes ir directamente a la lista del final y usar el resto del libro como referencia.

d) Revisa poco a poco cada sección de tu novela, buscando dónde pueden aplicarse los puntos indicados en el libro. Para cualquier duda o explicación, recurre al capítulo correspondiente en el libro.

e) En su origen, este libro era un eBook, pensado sobre todo para dispositivos con conexión a internet. Por eso, incluí muchos enlaces: así, si un punto no quedaba lo bastante claro en el libro o si el lector deseaba saber más sobre el tema propuesto, podía utilizar los vínculos disponibles. Algunos de estos vínculos son enlaces a artículos de mi blog, otros enlazan a blogs y webs de personas mucho más sabias que yo. Entiendo que desde el papel da bastante más pereza copiar a mano las direcciones en un explorador, pero he decidido dejar la mayoría en el libro, porque considero que aun así merece la pena echarles un vistazo.

f) Cuando termines, tu novela debería ser bastante mejor que cuando empezaste. Si no es así, sí, puedes escribirme y expresarme tu desconcierto (gabriella@gabriellaliteraria.com). Si te sirve y te ha hecho un poquito más feliz, ¡acuérdate de valorar esta obra en Amazon para que otros escritores puedan decidirse (o no) a comprarla y nos ofrezcan a todos libros mucho más correctos!

g) El que esta obra sea un texto auxiliar sobre cómo corregir un libro no escapa de la gracia inevitable de que habrá, con toda seguridad, errores o erratas dignos de mención. Te pido perdón por adelantado y que esta sea otra lección más del libro: no importa cuánto revises un libro, siempre fallará algo y eso tienes que aceptarlo.

Recibe mi agradecimiento más sincero por haber adquirido y utilizado este librito. ¡Y ahora sal ahí fuera a compartir tu obra con el mundo!

Un último aviso:

Puede que te estés preguntando lo siguiente: ¿son reglas todos estos trucos y consejos, son normas que debo seguir al pie de la letra?

Con la excepción de ciertos temas puramente ortográficos y gramaticales (las normas son importantes en un código de comunicación), la respuesta es: «no». Ninguna regla es precisa ni eficiente al 100%. El estilo siempre tiene grados de subjetividad y no hablemos ya del contenido.

Pero todas las observaciones contempladas en este libro están basadas en el conocimiento acumulado de un buen puñado de escritores, analistas, teóricos y lingüistas. No salen de la nada. Si quieres hacer una novela sin conflicto alguno, por ejemplo, adelante. Pero entenderás que, por varias razones históricas, sociológicas y psicológicas, esa novela será mucho menos atractiva para el lector medio.

Si eres de los que gustan de saltarse las normas, muy bien. Pero primero asegúrate de que entiendes por qué existe esa norma, a qué responde y en qué casos puedes aplicar excepciones.

7 trucos generales para sentarte a corregir

Corregir es una tarea dura, porque nos obliga a juzgar nuestra obra. Y los primeros borradores están hechos para ser borradores, no para ser perfectos. Vamos a encontrarnos con un texto que estará lleno de imperfecciones. ¿Cómo enfrentarnos a él entonces sin dejar que nuestra psique se meta demasiado por medio?

Estos trucos pueden ayudarte a hacerlo de la manera más eficiente y objetiva.

Ahí van algunas ideas:

1. Este punto es el más importante: TU LIBRO YA NO ES TUYO. Así es. Vas a enfrentarte a su edición y eso puede ser muy peligroso. Es tu niño, tu criatura. ¡No! ¡Ya no! Tienes que sentarte frente a tu obra con la noción clara de que ahora pertenece a otra persona, de que nada tiene que ver contigo. Tú solo eres un corrector y editor con mucha mala leche que viene a convertir esa cosa informe en una joya digna de publicación.

2. Todo el mundo tiene sus rutinas y manías a la hora de corregir su propio texto. Hay quien usa marcas clásicas de corrección sobre un documento impreso; hay quien utiliza el control de cambios de Word para ver exactamente qué modificaciones ha realizado. Eso no es lo importante. Lo importante es que leas más de una vez tu propio texto, buscando diferentes tipos de errores en cada lectura. Deberías tener como mínimo dos lecturas: una para revisar problemas formales (ortografía, gramática, estilo) y otra para revisar estructura y contenido. Revisar a nivel formal y a nivel de contenido exige mirar y pensar de forma diferente, por lo que si intentas hacer las dos cosas a la vez es inevitable que te dejes algo fuera. Centrarse en un solo tipo de tarea siempre es más productivo.

Lo que nos lleva al siguiente punto:

3. ¿Cuántas revisiones son necesarias para corregir un libro? Cuando corrijo textos ajenos suelo trabajar con cuatro: en las dos primeras realizo la corrección de estilo propiamente dicha y apunto problemas estructurales o de coherencia. En la tercera reviso sobre todo a nivel ortotipográfico y la cuarta es un repaso final. Otra manera de corregir es por niveles, de mayor a menor: primero la narración general (asegurándonos de que no haya incoherencias generales de contenido); luego la escena (mirando que funcione, que cada cosa esté en su sitio); luego la oración (asegurándonos de que cada frase esté bien construida) y luego la palabra (vamos palabra por palabra, asegurándonos de que cada una sea la correcta). También puede hacerse de menor a mayor (si bien no es recomendable, porque cualquier cambio a nivel estructural nos obligará a volver a realizar todas las correcciones de niveles menores). Como autor, eres libre de aplicar el método que te sea más cómodo, pero recomiendo dejar siempre unas veinticuatro horas entre revisión y revisión, para que tu cerebro pueda coger el texto con una perspectiva más o menos nueva y limpia.

4. La mejor manera de captar errores y de identificar frases que suenan mal es que tu cerebro las perciba como ajenas, porque si no, se dedicará a corregir imperfecciones y rellenar huecos sin que seas consciente de ello, ya que conoce bien el texto y lo percibe como propio. Léelo en voz alta o, mejor, que te lo lea otra persona. Otra opción es utilizar un lector automático, como los que proporcionan Adobe Acrobat Reader, Balabolka o Sodelscot. Al escuchar el texto en la voz de otra persona (o robot) percibirás mucho mejor aquello que no funciona.

5. Otra manera de hacer que tu cerebro crea que está leyendo algo distinto a lo de siempre es cambiar de ubicación. Tu cerebro asocia lugares determinados con tu trabajo creativo, y necesitas que cambie a modo editor: lógico, frío y racional. No quieres que se ponga creativo. Llévatelo a otro sitio, a cualquier otro entorno

donde puedas trabajar. El ruido de fondo te ayudará a concentrarte (puedes leer mucho más sobre ese tema en este artículo del *Libro del escritor*: https://blog.literup.com/sonidos-ambientales-para-escribir/).

También puedes usar una aplicación como Coffitivity (que reproduce el sonido de fondo de un bar o cafetería), pero procura no trabajar en la misma habitación donde escribiste el libro.

6. Hazte un esquema con la estructura básica de tu novela y el tema central, y ponlo en algún lugar donde lo tengas claramente a la vista. Así podrás consultarlo para ver que todo encaja, que hay coherencia y que la obra no se desvía demasiado de su tema. También podrás ver si todas las partes forman un todo equilibrado o si necesitas modificar algo a gran nivel.

7. ¿Te has dado cuenta de que en muchos libros se empieza muy bien, pero la calidad decae y se llena de erratas conforme avanza la obra? Sucede porque empezamos con ganas y energía a corregir, pero nuestra atención va decayendo conforme nos metemos en la narración. Prueba a hacer una revisión al revés, empezando por el último capítulo, para acabar con este problema.

¿Todo listo? ¿Preparados para empezar? ¡Vamos allá!

40 trucos para ser muy formal

1. Una corrección básica de Word

«¡Pero Gabriella! —me gritarás, con toda la razón del mundo—, ¡que no soy un niño de primaria! ¡Sé usar el corrector de Word!».

Ya, ya, eso no lo pongo en duda. Pero he aquí dos peligros:

1. Te acostumbras tanto a tener el corrector que ya no le haces caso. No miras qué está subrayando Word (o LibreOffice, u OpenOffice, o Pages, o Scrivener o lo que sea que utilices). Y de vez en cuando te subraya cosas que sí deberías estar mirando.

2. Le haces demasiado caso al corrector automático. Ten en cuenta que Word, por ejemplo, no distingue bien el contexto de las palabras. Así, en el caso de la tilde diacrítica o de otras palabras que, según como se escriban, tienen significados distintos, Word puede jugarnos una mala pasada.

¿No me crees? Mira esto:

Aquél dragoncito rojo es de lo más adorable. ¿Qué tan bien es un pequeño monstruo y devora ganado! ¡Té lo dije! Haber lo que dice tu hermana la pastorcilla al respecto.

Seguro que has visto unas cuantas meteduras de pata en ese parrafito, ¿verdad?

Pues Word no me ha señalado ni una.

Ah, no, espera, que tengo el corrector apagado. Vale, lo activo. No, ni una.

¿Conclusión? Acuérdate de mirar lo que señala Word, pero no creas ni de lejos que con los ojitos virtuales del clip asistente de Office va a estar tu texto libre de errores.

2. Todo tiene que concordar

Así es. Sujetos con verbos, sustantivos con adjetivos. Parece muy fácil de entrada («nosotros comemos», «las niñas guapas»). ¡Sencillo!

La complicación llega, por ejemplo, con los nombres colectivos, ya que no termina de quedarnos claro si deben tratarse como singular o plural. Si ponemos, por ejemplo, «el grupo decidió que iría a clase», vemos *grupo* como un nombre que está en singular. Fácil.

Pero ¿y la siguiente frase?: «La mayoría decidió que iría a clase». ¿Sería así? ¿O diríamos: «La mayoría decidieron que irían a clase»?

¿Cuál sería la opción correcta?

La Academia nos dice que ambas serían aceptables:

> En general, es posible poner el verbo tanto en singular (concordando con el sustantivo cuantificador singular: mayoría, mitad, minoría, resto, etc.) como en plural (concordando con el sustantivo plural que especifica de qué seres se trata: manifestantes, alumnos, trabajadores, etc.), siendo más habitual la concordancia en plural.

Cuidado, eso sí, con los casos en los que el verbo lleva un atributo o complemento predicativo (es decir, un elemento que nos informa de cualidades o estados del sujeto). Ahí siempre usamos el plural con las palabras que indican un grupo o colectivo: «La mayoría de los alumnos eran rebeldes sin causa» o «La mitad de los niños llegaron cansados».

Hay muchos más casos en los que podemos dudar respecto a la concordancia. Si tienes cualquier consulta, puedes buscar en la Ortografía de la RAE o en su web (prueba el *Diccionario panhispánico de dudas*) o preguntarle a Fundéu (http://www.fundeu.es/).

Lo importante, ante todo, es que busques. Si dudas es fácil encontrar la solución. Lo curioso es que los casos que más se nos escapan son sencillos: suele ocurrir que conforme escribimos nuestra mente va más rápida que nuestros dedos y se nos cuelan gazapos, sobre todo en lo que se refiere a sujeto y verbo («ella habían dicho») y a género («la mesera tenía un bonito cabello pelirroja»). Aunque es obvio que en esos dos ejemplos entre paréntesis hay fallos, es sorprendente lo fácil que resulta que se nos cuelen errores de este tipo.

3. Simplicidad y elegancia ante todo

Cuanto más corrijo textos e intento ayudar a otros autores (y aprender de sus aciertos y errores para mejorar mi propia escritura), más convencida estoy de que un texto fluido y elegante depende, en gran medida, de dos cosas:

Primero: Del orden natural de la oración. Si una oración te parece demasiado rebuscada o compleja, o no termina de sonarte bien, prueba a ponerla en su orden «natural». En nuestro idioma tenemos la posibilidad de colocar las partes de la oración más o menos en el orden que queramos, pero el cerebro siempre agradece un orden primario, lógico, porque facilita la comprensión lectora. Y el orden lógico es sujeto+verbo+complementos.

¿Cuál de estas dos oraciones es más fácil de leer?

Rojos, rizados y encrespados, cargados del peso de años de injusticia social y sometimiento a un marido infiel, eran los cabellos de nuestra protagonista.

Los cabellos de nuestra protagonista eran rojos, rizados y encrespados, cargados del peso de años de injusticia social y sometimiento a un marido infiel.

La segunda, ¿verdad?

Esto no significa que no puedas modificar el orden sintáctico de las oraciones. Es más, de vez en cuando debes («¡a su casa volvió Juan!»); si se hace bien, su efecto estético puede ser impresionante. Pero piensa en la fuerza e impacto que tiene una frase «desordenada» cuando todas las demás están ordenaditas. Un exceso de frases caóticas creará una sensación generalizada de desorden que hará que el lector deje de apreciar la belleza de cada oración y, peor aún, pierda el interés al tener que pelear con un batiburrillo en el que tiene que estar en constante esfuerzo interpretativo.

Segundo: De la simplicidad y precisión de las formas. Precisamente porque le aporta una mayor capacidad de comprensión y concentración de significado, el lector prefiere siempre formas exactas, precisas. Es mejor usar una sola palabra concisa para decir algo que una frase que da ocho vueltas; es mejor usar una forma verbal simple que tres formas complejas seguidas con sus correspondientes auxiliares. Veremos esto con más detenimiento en los siguientes apartados.

4. No te compliques con los verbos

Mira esta oración:

Habiendo sabido que habrías ido a buscar a la niña ayer, le habría dicho que te hubiese llevado un bocadillo.

No es muy elegante, ¿verdad? Nos cuesta un poco entender lo que nos está comunicando.

Ahora mira esta:

Si hubiera sabido que ibas a buscar a la niña ayer, le habría dicho que te llevase un bocadillo.

¿Mejor? La fluidez y facilidad de lectura no solo dependen de la simplificación de la frase (quitando ese gerundio tan feo e impersonal y sustituyéndolo por una condicional más sencilla), sino de la simplificación de los verbos.

Es en el paso de formas compuestas (las que usan verbos auxiliares como *haber*, *ser* o *estar*) a simples donde encontramos la mayor transformación. Aquí pongo otro ejemplo:

Hemos ido a comer a casa de la bruja y nos hemos encontrado con muchos niños en jaulas. Ha sido muy divertido y hemos decidido que habremos de volver pronto.

No todos los contextos van a permitir este cambio, pero mira qué mejorada queda esta frase ahora:

Fuimos a comer a la casa de la bruja y allí encontramos muchos niños en jaulas. Fue muy divertido y hemos decidido que volveremos pronto.

¿Cómo hemos conseguido esto? Modificando algunas formas verbales largas y complejas de pasado por otras más sencillas y contundentes. Como es lógico, esta transformación solo puede hacerse si a nivel temporal el cambio de un tipo de pasado a otro funciona sin alterar el significado de la oración, pero siempre es una opción interesante a tener en cuenta.

Esta simplificación verbal nos lleva también a considerar el siguiente apartado.

5. Sé más activo

No, no es cuestión de que salgas a correr o a atravesar a nado el canal de la Mancha (aunque cada uno es libre de hacer lo que quiera para inspirarse). Se trata de que evites esa costumbre tan anglófila de usar la voz pasiva para todo. Lo único que consigues con tanta pasividad es complicar el texto, meter auxiliares que no aportan nada y agarrotarlo todo (y, posiblemente, tener una vida sexual mucho más aburrida).

Esto tiene una explicación a un nivel más profundo de la narrativa. ¿Qué libros prefieres: aquellos en los que a los personajes les pasan muchas cosas (sin que hagan nada al respecto) o aquellos en los que los personajes luchan, se mueven, se enfrentan a conflictos?

Esto se refleja en los verbos también. Ninguna palabra es gratuita. Todas las que usas expresan emociones, movimiento (o quietud), fluidez (o estancamiento), belleza (o cacofonía). Así que elige bien.

Observa la diferencia entre estos dos textos:

Ella fue regañada por su madre y se vio en una situación de injusticia. Esa regañina no era la primera que sufría; se veía sometida a ellas casi todos los días.

Su madre la regañó. Era una situación injusta. No era la primera vez: la regañaba casi todos los días.

A muchos autores les gustan los textos más recargados y complejos. Pero si recurres a las frases sencillas y más activas, podrás luego sorprender al lector metiendo frases complejas cuando realmente es necesario, y ahí podrá apreciarlas como merecen.

6. Gerundiando (o no)

Ya hemos visto cómo puede cargarse una oración un gerundio mal puesto. Tampoco hay que pasarse: he visto a más de un editor que elimina todos los gerundios que encuentra por sistema. Un gerundio bien usado puede hacer mucho por una frase. El truco está en:

1. Comprobar que no tienes demasiados gerundios en una sola página (¡ni en un solo párrafo!), para evitar que el texto se sobrecargue de formas verbales complicadas (además, el gerundio es una forma impersonal, por lo que le resta acción, actividad, al texto).

2. Procurar usar solo gerundios correctos.

¿Cuáles son los gerundios incorrectos?
Ay.
Ojalá no me lo hubieras preguntado, porque hay unos cuantos.
Voy a intentar explicarte por encima los casos más comunes, pero te recomiendo que le eches algo de tiempo y aprendas bien cómo funcionan y por qué debes evitarlos:

6.1. El gerundio del nombre (o especificativo): Esta herencia del francés trae de cabeza sobre todo a los periodistas. Ocurre cuando el gerundio ocupa el lugar que le correspondería a un adjetivo especificativo o una oración subordinada adjetiva. En palabras más sencillas: si estás usando un gerundio en el lugar de *que*+verbo, hay muchas posibilidades de que estés cometiendo un error.

Un ejemplo para verlo más claro: «La bolsa conteniendo las bolas de dragón cada vez pesaba más».

¡Incorrecto! Lo correcto sería: «La bolsa que contenía las bolas de dragón cada vez pesaba más».

O también: «Tu madre, estando de muy buen ver, me dijo que la acompañara a la habitación».

¡Mal, fatal! Vamos a cambiarlo por esto: «Tu madre, que está de muy buen ver, me dijo que la acompañara a la habitación».

El problema ocurre porque «personalizamos» una forma verbal que realmente es impersonal. Una bolsa no es una persona, no realiza el acto de contener algo, igual que tu madre no está cada segundo haciendo esfuerzos activos por estar de buen ver (o igual sí, pero ya me entiendes).

Hay un par de usos excepcionales que la Academia sí admite, debido a que los gerundios se han convertido, casi, en adjetivos. Son los siguientes: «Lo salpicó el agua hirviendo» y «se quemó con la vela ardiendo».

También se admite si el valor del gerundio, en vez de ser especificativo, es explicativo (como ese que que solemos ver detrás de coma, que introduce una frase que nos explica o aclara algo) y tiene valor adverbial (de tiempo, modo, lugar, causa, etc.). Estos gerundios serían correctos: «Mi hermano, entendiendo lo que estaba pasando, abandonó a toda prisa el hogar» (abandonó el hogar porque entendía lo que ocurría; es una causa).

Si ves que te cuesta distinguir a los gerundios especificativos de los explicativos, recomendaría que los evitaras en general. Es sencillo sustituirlos por otras formas.

Pasemos al siguiente uso incorrecto:

6.2. El gerundio partitivo: Si puedes sustituir tu gerundio por *con lo cual*, por *el cual, en el cual, tras lo cual* y similares, mala cosa.

Por ejemplo: «Es una casa muy fea, habiendo solo un gran dormitorio ampuloso y horrible» (en la cual hay solo...).

También tenemos el gerundio conocido como *partitivo*, el famoso *siendo*, usado por doquier: «Nos encontramos con un escritor famoso, siendo el primer autor al que atacamos esa tarde» (sería mucho mejor decir: «Nos encontramos con un escritor famoso. Fue el primer autor al que atacamos esa tarde»).

O: «Tienes varios perros de colores, siendo todos muy bonitos» (sería mucho mejor: «Tienes varios perros de colores y son todos muy bonitos»).

¿Ves? El gerundio no puede funcionar como un verbo normal, procura evitarlo.

Por último, ten en cuenta el siguiente problema: el gerundio suele indicar simultaneidad, es decir, que ocurre algo más o menos a la vez que la acción principal. Con lo cual llegamos al tercer gerundio maldito:

6.3. Gerundio de posteridad: «Llegamos al bar, comiendo allí hamburguesas y patatas y restos de escritor famoso».

¡No! ¡Acabas de llegar! La acción de comer hamburguesas y patatas y a un pobre escritor es posterior, por lo que no podría usarse el gerundio.

Uno de los usos más comunes de este tipo de gerundio incorrecto es el siguiente: «Le dispararon y cayó, quedando tumbado en el suelo».

Te acaban de disparar. Si eres capaz de caerte y quedarte tumbado a la vez, necesito que me prestes tu transmodificador paradimensional.

Es para una cosa.

Si quieres darle un buen repaso a los gerundios malos (con ejemplos), te recomiendo este enlace: http://factoriadeautores.es/usar-el-gerundio. Y ahora que hemos hablado de gerundios, quiero contarte cuál es el segundo problema más común entre los que escribimos.

7. Los adverbios terminados en *-mente* no son tus amigos

Con los adverbios terminados en *-mente* (*felizmente, rápidamente, endiabladamente*) ocurre algo similar a los gerundios (correctos). Se ha puesto de moda eliminarlos siempre y en todo lugar. Esto se debe sobre todo a lo problemática que es esa terminación *-ly* en inglés, por lo que los grandes profesores de escritura creativa de Wisconsin, Leytonstone y Maryland te suspenden si se te escapa algún adverbio de modo.

Aunque en nuestro idioma el temido *-mente* también tiene su parte de culpa, no es necesario llegar a ese extremo. Un adverbio de modo de este tipo puede ayudar mucho si lo empleamos bien (sobre todo en la escritura de no ficción). Pero también es cierto que suelen ser palabras largas que pueden enlentecer innecesariamente (sí) un texto.

Es fácil sustituirlos, al fin y al cabo. En vez de *innecesariamente* yo podría haber usado «de forma innecesaria».

Por lo general recomendaría intentar evitar usar más de un adverbio de este tipo por página (menos, si puede ser). Es una de esas cosas de las que el lector reniega sin darse cuenta siquiera: hace que el texto se atropelle, que pierda naturalidad. Échale un ojo a tu obra (o, más fácil, haz una búsqueda de *mente* en tu editor de texto): seguro que encontrarás muchos más de lo que esperabas.

8. Termina lo que empezaste (por lo menos con los verbos)

Al igual que tienden a funcionar mejor las formas simples que las compuestas, suelen tener mayor contundencia las formas verbales conocidas como perfectivas. Las formas perfectivas son aquellas que expresan acciones terminadas; ayudan a simplificar la oración. Está claro que cada contexto pide un tiempo verbal concreto, pero si puedes elegir, por ejemplo, entre un pasado simple y un pluscuamperfecto, el simple será más impactante y comunicará tu mensaje con mayor eficiencia.

Por si lo de los tiempos verbales llevas sin verlos desde la ESO (o la EGB, si eres de mi edad), ahí va un ejemplo:

> Elena había intuido que el pegaso había estado teniendo frío mientras sobrevolaban los campos españoles.

> Elena intuyó que el pegaso tenía frío mientras sobrevolaban los campos españoles.

Cada opción corresponde a un momento en el tiempo, a una relación con el pasado. Pero si es posible y ves que el contexto lo permite, suele quedar más elegante una forma simple y perfectiva (en este caso, *intuyó*, una acción ya completamente terminada).

¿Es este un consejo imperativo, una orden que te doy? ¡Para nada! Se trata solo de un truco para agilizar tu texto y obligarte a prestar atención a la coherencia entre verbos. Es muy frecuente que los escritores mezclen formas de pasado que no corresponden (y también que mezclen presentes con pasados que tampoco corresponden).

Ten en cuenta la importancia de la coherencia. Si estás hablando de una acción que ocurrió en el pasado y ya ha terminado, no mezcles sin pensar formas perfectivas con imperfectivas.

Aquí dejo otro ejemplo:

Todas habíamos ido a bañarnos al lago. Yo le pedí a Marisa que me prestara su bañador. «Me he olvidado el mío», le dije. Entonces fue cuando llegó aquel gigante ciclópeo que empezaba a reírse como si le fuera la vida en ello al vernos medio desnudas en la charca. Ser náyade es muy duro.

Todas fuimos a bañarnos al lago. Le pedí a Marisa que me prestara su bañador. «Olvidé el mío», le dije. Entonces llegó aquel gigante ciclópeo que empezó a reírse como si le fuera la vida en ello al vernos medio desnudas en la charca. Ser náyade es muy duro.

La diferencia, como ves, es sutil, pero siempre conviene echar un ojo (o dos) a la coherencia verbal, intentar simplificar las formas verbales lo más posible y darles un acabado más redondo si son acciones de un pasado finito.

Y, hablando de verbos...

9. Necesitas ese verbo

Puede parecer una tontería, pero otro fallo muy común es olvidarse del gran protagonista de la oración: el verbo. Así es: creamos frases donde no encontramos el verbo por ninguna parte. Por supuesto que hay oraciones que pueden ir sin verbo. Por ejemplo, cuando utilizamos enumeraciones o cuando el verbo se sobrentiende por una elipsis (lo que suele indicarse con la coma).

Aquí vemos un ejemplo de oración donde nos podemos saltar el verbo: «Al cocodrilo le encantaba devorar a transeúntes despistados. Y a transeúntes borrachos. A transeúntes espabilados. En definitiva, a cualquier transeúnte».

Y aquí va otro donde no nos lo podemos saltar: «El cocodrilo con transeúntes despistados. Mira cómo corre y cómo se los zampa».

No. Necesitamos saber más en esa oración. «El cocodrilo con transeúntes despistados» no puede quedar así. Está cojo y tenemos que arreglarlo. Para que pueda seguir zampando turistas.

Este es un problema que también se ve mucho en las biografías de autor:

> ¡Llega Juancho Pérez para sorprendernos a todos! Autor de más de dieciocho libros. Nació en Fuenlabrada y se dedica desde entonces a la manufactura de lápices 2B. Escribe desde que tiene uso de razón.

Has dado en el clavo, querido lector: hay una frase ahí que nos pide un verbo a gritos:

> ¡Llega Juancho Pérez para sorprendernos a todos! Juancho es autor de más de dieciocho libros. Nació en Fuenlabrada y se dedica desde entonces a la manufactura de lápices 2B. Escribe desde que tiene uso de razón.

También podemos limitarnos a cambiar la puntuación, para que ahora forme parte de otra oración que tiene su propio verbo:

¡Llega Juancho Pérez para sorprendernos a todos! Autor de más de dieciocho libros, nació en Fuenlabrada y se dedica desde entonces a la manufactura de lápices 2B. Escribe desde que tiene uso de razón.

Como ves, cualquier cosa es mejor que dejar esa frase huérfana de verbo.

10. No te juntes con esos ingleses

Queramos o no, todos estamos influidos por la lengua inglesa. Y no me refiero solo a esas palabras que aparecen, traicioneras, cuando tenemos alternativas perfectamente válidas en nuestro idioma. No, también me refiero a la mismísima estructura de las frases.

Leemos mucho a autores anglosajones y en las traducciones es inevitable que se encuentren, una y otra vez, ciertas formaciones.

Intentemos eliminar las más comunes. Por ejemplo, ¿es necesario poner el adjetivo SIEMPRE delante del nombre? Aunque en nuestro idioma se puede poner tanto delante como detrás, el orden lógico y habitual suele ser de sustantivo+adjetivo.

Mira este texto:

Su hermosa y rubia melena ondeaba con el rápido viento, sus preciosas manos me saludaban desde la triste distancia.

Seguramente te parecerá muy normal. Pero mira ahora:

Su melena, hermosa y rubia, ondeaba con el viento rápido. Sus preciosas manos me saludaban desde la distancia triste.

¿Ves cómo hemos jugado con la colocación de los adjetivos? ¿No te parece que todo queda más limpio, más fluido, más profesional? Escucha el ritmo de las frases, la música que se oculta detrás. Procura seguir las reglas básicas en el orden de los elementos de la oración; así la comunicación será mucho más eficiente y podrás modificar a propósito ese orden para crear un efecto llamativo, como el «preciosas manos»/«distancia triste» del ejemplo anterior.

No está prohibido anteponer un adjetivo, ni mucho menos, y en ocasiones el ritmo de la oración lo exige. Además, hay matices de significado que pueden variar según donde lo coloquemos (como cuando modificamos calificativos como *grande*: no es lo mismo decir «un gran hombre» que «un hombre grande»).

Por lo general, el orden también puede marcar la diferencia entre dar datos explicativos («la niña escogió el verde guiverno» nos dice que la niña escogió a un guiverno que era verde) y especificativos («la niña escogió el guiverno verde» podría aclararnos que, de todos los guivernos, la niña escogió el verde).

Piensa que lo predeterminado debería ser siempre el adjetivo posterior; en tus manos está jugar con eso y colar algún antepuesto para darle potencia a la oración, o énfasis al calificativo sobre el nombre. Mira, por ejemplo, la diferencia entre estas frases:

El caprichoso niño interfirió con el majestuoso poder de la mágica puerta y liberó todo un cataclismo de poderosos demonios.

El niño caprichoso interfirió con el poder majestuoso de la puerta mágica y liberó todo un cataclismo de poderosos demonios.

El niño caprichoso interfirió con el majestuoso poder de la puerta mágica y liberó todo un cataclismo de demonios poderosos.

En el segundo y tercer ejemplo, al poner los adjetivos en orden «natural», no solo hacemos mucho más sencilla y fluida la lectura, sino que podemos utilizar un solo adjetivo antepuesto para darle una pequeña vuelta de ritmo a la oración y enfatizar las cualidades que nos parecen más importantes.

Recuerda, en cualquier caso, que el exceso de adjetivos nunca es bueno, a no ser que seas Foster Wallace, Martin Amis o Góngora. Como asumo que no eres ninguna de esas tres personas, acuérdate de respetar las reglas hasta tener un dominio suficiente de la lengua y del ritmo como para romperlas. Con frecuencia, el exceso de adverbios y de adjetivos es un síntoma de que los auténticos reyes de la oración, sustantivos y verbos, no tienen ni la precisión ni la fuerza suficiente para valerse por sí mismos.

11. ¡Deja esos palabros!

No son solo los anglicismos los que se nos cuelan de forma inesperada. Hay toda una serie de palabras que usamos mal sin saberlo. Además tendemos a buscar palabras largas y barrocas solo para quedar bien, para «gustarnos mucho», como dice un amigo editor.

Mira esto:

Los eventos consuetudinarios que acontecen en la rúa.

Tal vez lo reconozcas del *Juan de Mairena* de Machado. Pertenece, en concreto, a este extracto:

—Señor Pérez, salga usted a la pizarra y escriba: «Los eventos consuetudinarios que acontecen en la rúa».
El alumno escribe lo que se le dicta.
—Vaya usted poniendo eso en lenguaje poético.
El alumno, después de meditar, escribe: «Lo que pasa en la calle».

Una frase sencilla compuesta de palabras simples pero exactas puede parecer poco llamativa. Pero es el terreno perfecto para meter una palabra potente y para comunicar mejor (que, al fin y al cabo, es lo que andamos buscando). Aunque a muchos les extrañe, «lo que pasa en la calle» es una manera mucho más elegante y directa de comunicarnos que «los eventos consuetudinarios que acontecen en la rúa».

Como es obvio, cada uno tiene su estilo. Algunas personas gustan más de las florituras y de la densidad de lenguaje. Pero utilizar muchas palabras elevadas y rimbombantes no hará que tu texto sea más atractivo; más bien al contrario.

Hay otra pregunta que debes hacerte: ¿te inventas términos?

Al releer tu texto, pregúntate algo: ¿estás completamente seguro/a de lo que significa cada una de las palabras que has usado? A menudo tenemos ciertos vocablos escondidos en nuestra memoria, que nos gustan, ya sea por su estética o porque creemos que nos hacen parecer más inteligentes. ¿Pero estamos seguros de lo que quieren decir? ¿Tenemos seguridad absoluta de que los estamos usando bien?

Algunos vocablos y expresiones conflictivas son: *meteorología, climatología, vena aorta, de motu proprio, perjuicio, toxina, señalizar, rentar...*

Si tienes cualquier duda acerca de las acepciones de una palabra, no te cuesta ni cinco segundos buscarla en la web de la RAE (a no ser que vivas en un templo himalayo y tu conexión sea incluso peor que la mía) o echar mano del diccionario que tengas en casa. Recuerda que estamos buscando precisión ante todo.

12. Demasiadas conexiones sí pueden ser malas

Sí, sí, ya sabemos que tu madre te dijo que hicieras contactos. Que conectaras. Pero lo que usamos para ello (esas palabras tan útiles que solemos conocer, en general, como conectores) tiene el peligro de la repetición.

Todos tenemos muletillas al hablar, extras y acotaciones que soltamos más de lo necesario. Pero no estás hablando, estás escribiendo, y esas muletillas tan graciosas, que a un interlocutor le parecerían hasta monas, a tu lector lo pondrán de los nervios.

¿Algunos de los culpables más comunes? *Por esto, es decir, sin embargo, así que, esto es, pues.* Todas son formas que nos sirven para conectar pensamientos y frases.

He de decir que he conocido pocos autores que no abusaran del *sin embargo*. Recuerda que hay alternativas (*no obstante*, incluso el horroroso y arcaico *empero*), y que con frecuencia la solución más elegante es tirar de *pero* y se acabó.

Otro peligro de los conectores es que nos incitan a crear oraciones muy largas. Y a tu lector la longitud de las oraciones, lo creas o no, le afecta, como veremos en el siguiente apartado.

13. No te subordines tanto

Ah, la subordinada. Esa maravilla de la sintaxis por la que podemos meter oración dentro de oración, como en un bonito juego de cajas chinas, muñecas rusas o maletas para viajar con una compañía de aerolíneas *low-cost*. Según Chomsky, esta habilidad recursiva es lo que nos distingue (a nivel comunicativo) de los animales.

También es lo que nos hace pedantes y aburridos.

¿Sabes una de las cosas principales que diferencian a un buen escritor de un escritor no tan bueno? Cuando uno lee un libro bien escrito, con todo bien hilvanado y en su sitio, llega un momento en que olvida que está leyendo. Algunos a esto lo llaman «el sueño narrativo» o «el sueño de ficción», porque es como entrar en un mundo imaginario, de ensueño, donde nos sumergimos por completo.

Si nuestras frases son innecesariamente largas, si van cargadas de información y repletas de otras oraciones insertadas de mala manera, dificultamos ese proceso. Obligamos al lector a despertar del sueño para intentar averiguar de qué narices estamos hablando. Lo mismo ocurre cuando cambiamos el orden natural de la frase de forma aleatoria, sin una intención enfática clara.

Una oración puede estar cargada de símbolo y sentido sin tener que ser eterna. Además, el uso de frases cortas y contundentes, sencillas, facilita la inserción posterior de alguna oración larga y compleja, que dota al párrafo de un ritmo propio gracias al contexto de esas frases cortas.

Sí, lo siento, amigo autor o amiga autora. Como si escribir no fuera ya lo bastante difícil, encima tienes que preocuparte por cosas como el ritmo y la extensión de los párrafos y las frases.

Qué le vamos a hacer. Yo no diseñé todo esto. Pero antes de usar otro *que*... piénsatelo un poco.

Mira, por ejemplo, qué ocurre con esta oración:

El regalo que le hizo su amiga Sonia, que le trajo de un planeta desconocido, que era un huevo extraordinario de color caca y que parecía pulsar cuando lo tocabas, cuyo contenido era indescifrable para todos los que lo veían e investigaban, no era un regalo cualquiera.

Vamos a toquetearla un poco (a la frase, no a Sonia):

Sonia le hizo un regalo; lo trajo de un planeta desconocido. Era un huevo extraordinario, de color caca, que parecía pulsar cuando lo tocabas. Su contenido era indescifrable para todos los que lo veían e investigaban. No era un regalo cualquiera.

¿Ves? El texto es mucho más fácil de comprender ahora y tenemos un ritmo más agradable e interesante. Recuerda que, a la hora de crear un texto fluido, la puntuación es tu mayor aliado.

14. Cuidado con las comas

Tengo que hacer una confesión terrible: juzgo a la gente por sus comas. No las comas menores, las comas que se escapan delante de conjunciones copulativas o que se ponen mal en una enumeración, ni las que se usan en lugar de punto o punto y coma. No. Para mí todo está en ese gran pecado: la coma detrás de sujeto.

Creo que la televisión tiene gran parte de culpa. Tiene una dinámica de enunciación artificial, condicionada por los *prompts*, esos letreritos que está leyendo la señora que te da las noticias, esa misma que de pequeña yo pensaba que tenía una memoria prodigiosa para citar de memoria tantos datos todos los días.

Y así tenemos a personas, que ya ni siquiera son de telediario, metiendo pausas artificiales entre sujeto y verbo. Como asociamos las pausas con signos de puntuación, ocurre lo siguiente: «Mi hermano, llegó muy tarde ayer».

¿Horrible, verdad?

Es más complicado que eso, me temo. Muchos me dirán: ¡Yo jamás haría eso! ¿Pero qué ocurre cuando el sujeto es largo y, por tanto, no tan evidente?:

La mujer que me recibió en casa ayer por la noche a las once y media pasadas, me dijo que olía a vómito de unicornio.

Habrá quien diga: «¿Qué tiene de malo esa coma? Esa frase es muy larga y hay que meter coma por algún sitio».

«Vale —diré yo—, pero no ahí». Eso que ves ahí, tan largo, es un sujeto. Lo correcto sería esto:

La mujer que me recibió en casa ayer por la noche a las once y media pasadas me dijo que olía a vómito de unicornio.

47

Sí que hay comas que podemos usar en esa frase. Podemos convertir parte de ese sujeto en una explicación, en un inciso (pero tened en cuenta que cambiaría el sentido de la oración):

La mujer, que me recibió en casa ayer por la noche a las once y media pasadas, me dijo que olía a vómito de unicornio.

Ya no estamos usando un *que* especificativo (¿cuál fue la mujer? La que me recibió ayer por la noche a las once y media pasadas), sino un inciso, un *que* explicativo, y las subordinadas de este tipo van entre comas, porque aportan datos sobre el sujeto (dime algo sobre la mujer: pues... que me recibió ayer por la noche a las once y media pasadas). El truco para saber si una oración de este tipo es explicativa es que si quitamos lo que hay entre las comas, la oración sigue siendo válida:

La mujer, que me recibió en casa ayer por la noche a las once y media pasadas, me dijo que olía a vómito de unicornio.

O también podemos hacer que el inciso, la explicación, sea la hora a la que me recibió la mujer:

La mujer que me recibió en casa ayer por la noche, a las once y media pasadas, me dijo que olía a vómito de unicornio.

Cualquiera de esas opciones es mucho mejor que poner coma tras el sujeto.

Podemos complicar más el tema de las comas y sujetos. Hay sujetos difíciles de identificar, por lo que habremos de andar con mil ojos:

Que tú volvieras a las tres de la mañana borracho de hidromiel, no es algo que me importe. Para nada.

¡Esa coma está mal!

Sí. «Que tú volvieras a las tres de la mañana borracho de hidromiel» es el sujeto. Es lo que importa (o no) al narrador. Lo correcto sería:

Que tú volvieras a las tres de la mañana borracho de hidromiel no es algo que me importe. Para nada.

O con comas explicativas:

Que tú volvieras a las tres de la mañana, borracho de hidromiel, no es algo que me importe. Para nada.

O tal vez lo correcto sería dejar de ser tan pasivo/a-agresivo/a con tu pareja, pero a cada cual lo suyo.

¿Entiendes ahora por qué toda esa sintaxis que aprendiste en el colegio sí es importante?

15. Hablemos de las condiciones

Otro problema que solemos encontrarnos con las comas es no saber dónde (o cuándo) usarlas en las oraciones condicionales.

Las condicionales, como su nombre bien indica, establecen condiciones para que una acción se produzca. Las condicionales son oraciones flexibles: pueden usarse en el orden que queramos.

Si siguiéramos el orden lógico de la oración (ya sabes: sujeto+verbo+complementos), tendríamos una condicional tal que así: «Mario irá a tu casa si le regalas la planta carnívora».

Mario, nuestro sujeto aquí importante, jefe de toda la oración, irá (verbo principal) a tu casa (ahí tenemos un complemento claro de lugar) y ahora introducimos la segunda proposición, que depende de esa frase principal: *si tú* (sujeto) *le* (complemento indirecto) *regalas* (verbo) *la planta carnívora* (complemento directo).

Todo muy fácil. Orden lógico de la oración: sujeto+verbo+complementos.

Tenemos muy claro que tenemos dos proposiciones que forman una sola oración compuesta, pero que la primera es la principal, de la que depende la segunda, que no es más que una subordinada. Al fin y al cabo, no es más que una condición para que ocurra lo importante, que es que Mario vaya a tu casa. Y en un mundo lógico y normal y muy básico, ponemos primero las oraciones principales y luego las subordinadas, que para eso dependen de ellas.

Hasta ahí, bien. Lo que ocurre es que en la lengua, evidentemente, no todo es lógico y ordenado y normal. Aunque esa condición no sea más que una esclavita obediente de la proposición importante, a veces esa condición se convierte en lo más importante de la oración compuesta. Y entonces la ponemos al principio: «Si le regalas la planta carnívora, Mario irá a tu casa».

Le hemos dado la vuelta, porque en el contexto de nuestro escrito ha ocurrido que lo más importante es la planta carnívora, no tanto que Mario vaya a tu casa. Como hemos alterado el orden normal y lógico de la oración, eso gramaticalmente tenemos que marcarlo con una coma.

Por eso hay una coma ahí, tras *planta carnívora*; por eso no la hay en la oración original («Mario irá a tu casa si le regalas la planta carnívora»).

¿Hay excepciones? Sí, una. Si la condición es muy cortita, nos podemos saltar la coma, por economía enunciativa y por no tener que hacer esa pausa tan pronto en la oración: «Si llamas iré a tu casa».

¿Ves? Mucho más eficiente que regalar plantas carnívoras (y no hace falta coma).

Esta excepción, a su vez, tiene una excepción (lo sé, lo sé, el lenguaje puede ser ridículo. Pero podría ser peor. Podría ser japonés, que dicen que es uno de los idiomas más difíciles del mundo. O podría ser inglés, que es de lo más extraño). Cuando usamos condiciones negativas (*si no*), esa coma se queda, aunque sea cortita la condición:

Si no me regalas una planta carnívora, olvídate de que vaya a tu casa.

Si no, nunca iré a tu casa.

Por supuesto, en el orden lógico y normal de oraciones, el *si no* también se salta la coma: «Nunca iré a tu casa si no me regalas una planta carnívora».

Mucha explicación, sí, pero esta coma es de las fáciles.

16. Con vocación de que comas

A una compañera escritora le dijo su editor que tenía que acordarse de poner la coma en los vocativos. La chica me preguntó qué era aquello del vocativo y realmente es una coma que suele escaparse mucho, incluso entre los profesionales.

El vocativo es un caso del latín que hemos heredado para realizar apelativos, es decir, para dirigirnos a alguien. Mira la diferencia entre estas dos frases:

Me dijo Antonio que te llevara a tomar zumo de manzana a la taberna del enano barbudo.

Me dijo, Antonio, que te llevara a tomar zumo de manzana a la taberna del enano barbudo.

Aquí las comas son importantísimas, ya que, según las usemos o no, el sujeto de la oración es totalmente distinto. Esas comas sirven para indicar a quién le estamos hablando.

El vocativo no tiene por qué ser un nombre propio:

Mira, niña, no sigas gritando, porque me duele la cabeza.

Calla, cansino, que no sabes de lo que hablas.

Siempre que un personaje se dirija a otro utilizando cualquier apelativo para nombrarlo, debemos indicarlo con esas comas de vocativo.

17. Especifica o explica

Otro error con el que he dado mucho como correctora es el mal uso de las comas con el *que* especificativo y el explicativo. Lo hemos visto antes, al hablar de la coma tras sujeto, pero merece la pena insistir un poco más.

¿Qué diferencia hay entre estos dos tipos de *que* que parecen dar tantos problemas?

El *que* que introduce una oración especificativa nos indica de qué elemento de un conjunto de sujetos estamos hablando: «La niña que hablaba griego clásico me miró como si yo fuera idiota».

Esto nos indica que, de un grupo de niñas, la que me miró como si yo fuera idiota era la que hablaba griego. Ahí no ponemos comas.

Pero si decimos: «La niña, que hablaba griego clásico, me miró como si yo fuera idiota».

Aquí, el que hable griego clásico es simplemente una información extra que nos da el autor. Si borrásemos esa pequeña cláusula (que hablaba griego clásico), la frase seguiría siendo válida. Esa explicación adicional, no fundamental, va siempre entre comas, como cualquier otro inciso explicativo o aclaratorio.

18. Vamos a puntualizar

No voy a explicar aquí todos los usos de la coma, del punto y coma, y del punto, porque no acabaríamos nunca y realmente esto no pretende ser un manual de ortografía. Intentemos centrarnos en algunos aspectos generales que puedan servir como una pequeña guía:

Las comas, puntos y coma, y los puntos representan pausas (excepto en los casos, como los que acabamos de ver, en los que su función es más bien gramatical). Normalmente los autores piensan que es así de sencillo: comas para pausas cortas, punto y coma para pausas intermedias, puntos para pausas más largas. Y punto y aparte para pausas de esas de irse a tomar un café.

Es más sutil que eso, me temo. Las comas suelen enumerar y encerrar explicaciones. Una coma siempre tiene una relación estrecha con lo que la precede. El punto y coma es necesario cuando la coma ya no es suficiente, porque se ha producido una separación también de sentido. Eso sí, esa separación todavía no es lo bastante grande para exigir un punto, todavía hay alguna relación con lo anterior. Veámoslo con ejemplos.

Llegaron cuando la tierra todavía estaba cubierta de arena, polvo, piedras, llegaron cuando todavía no había empezado a llover.

Al poner una simple coma detrás de *piedras*, parece que el segundo verbo *llegaron* es parte de la enumeración (*arena, polvo* y *piedras*), cuando en realidad es parte de una segunda enumeración muy diferente —dos frases que empiezan por *llegaron*—, como verás aquí:

Llegaron cuando la tierra todavía estaba cubierta de arena, polvo, piedras; llegaron cuando todavía no había empezado a llover.

Sigue habiendo una relación entre la primera y segunda frase, hay cierta relación entre *piedras* y *llegaron*, pero no forman parte del mismo conjunto, por lo que necesitan una separación un poco más grande.

Aquí tenemos otro ejemplo:

Nada podíamos hacer ya, nada podíamos decir, nada servía para convencerla, Carolina volvería al mundo de las hadas sin nosotros.

Aquí vemos que hay, de nuevo, dos frases distintas, pero con cierta vinculación. El punto y coma nos sirve para separar dos frases que, a su vez, incluyen enumeraciones con coma. Es una suerte de «supercoma», si quieres verlo así, para cuando necesitamos separar conceptos que tienen la suficiente proximidad de significado como para negarse a usar el punto. De esta manera, lo mejor sería escribir la frase así:

Nada podíamos hacer ya, nada podíamos decir, nada servía para convencerla; Carolina volvería al mundo de las hadas sin nosotros.

Como verás, cuando nos encontramos con enumeraciones que incluyen oraciones muy largas y complejas, el punto y coma nos puede salvar:

Tenían tres jardines: en el primero había naranjos, limoneros y manzanos; en el segundo había bancos y fuentes para relajarse, para descansar; en el tercero solo había una cueva con una mujer que lloraba.

Y ya que hablamos de enumeraciones...

19. Sigamos enumerando

Todos nos acordamos de la regla que nos dieron en el colegio: las enumeraciones se separan con comas, pero nunca se pone coma delante de la *y* final, la conjunción copulativa.

Esto es cierto la mayoría de las veces. Pero no siempre.

En realidad, cuando se da esta regla, la memorizamos sin saber por qué se usa ni a qué se refiere exactamente. La copulativa se usa para unir «piezas» que son iguales, es decir, que funcionan de la misma manera sintáctica.

Veámoslo en estos ejemplos:

Ana y Juan fueron a cazar alienígenas.

(Ana y Juan son dos sustantivos, dos sujetos).

Marco escapó de casa para bailar y beber.

(Vemos dos verbos, dos complementos con la misma función).

Mónica llegó tarde y yo llegué temprano.

(Vemos dos oraciones con la misma estructura).

¿Pero qué pasa cuando nos encontramos con esto?

Ella recordó que tenía que salir a comer guindillas de las que picaban, y en aquella época todavía se podían encontrar en los restaurantes del pueblo.

Ahí la copulativa no está uniendo nada que se parezca ni que tenga estructuras y funciones semejantes. De ahí que podamos poner la coma ante la copulativa *y*.

Sería diferente así, donde se unen dos verbos:

Ella recordó que tenía que salir a comer guindillas de las que picaban y hacían llorar, y en aquella época todavía se podían encontrar en los restaurantes del pueblo.

Fijaos en que ahí no hay coma entre *picaban* y *hacían llorar*, pero sí entre oraciones que hablan de cosas diferentes de maneras diferentes. Además, cuando tenemos varias copulativas juntas necesitamos comas para evitar confusiones. Aquí vemos otro ejemplo:

Fuimos con Mamen y Pedro, y decidimos ver una película de terror.

De no ser por esa *y* de «Mamen y Pedro», la *y* de «decidimos ver una película» no habría necesitado una coma.

Una última nota: podemos poner coma delante de la copulativa *y* cuando todo lo que lleva delante es muy largo (sobre todo cuando hay sujetos distintos). Más que nada, para poder respirar un poco:

Nuestros padres dijeron que volverían de su cena romántica antes de medianoche por los zombis sueltos hambrientos por la ciudad, y nuestros tíos dijeron que no atrancásemos la puerta hasta que regresaran.

Hay alguna que otra pequeña excepción y alguna que otra pequeña regla más, pero si entiendes bien la función que tiene *y* dentro de la oración, no tendrás ningún problema. Recuerda que estas mismas reglas se aplican también a *e* (cuando sustituye a *y*) y a *ni*, y a las conjunciones disyuntivas *o* y *u* (cuando sustituye a *o*).

20. No nos dejes en suspensión

Las redes sociales y el uso de la comunicación por internet nos han traído muchas cosas buenas. Pero también han traído algunas perversiones ortográficas, como el abuso de mayúsculas y de emoticonos, y, cómo no, del saturadísimo punto suspensivo.

Los puntos suspensivos tienen toda una serie de reglas de uso, pero los casos más comunes son estos:

a) Usamos puntos suspensivos cuando alguien se queda a medias en un diálogo o en una frase:

—Me dijo que volviéramos cuando Lucas... —miró a su hermano, como si temiera decir algo inapropiado—, cuando Lucas dejara de comportarse como un crío.

b) Para rematar una enumeración que podría seguir:

Tenemos de todo. Tenemos camisas, camisetas, jerséis, faldas, medias, sables láser, sacos de dormir...

No es recomendable abusar de estos puntos para darle un aire de misterio a algo o para representar el típico tonillo nostálgico que tienen las citas bonitas de amor puestas en fotos de amaneceres en la playa.

Así que recomiendo que evites esto: «Se cogieron de la mano y caminaron hacia el mar...». Porque el efecto no es de intriga, romanticismo ni ternura. En términos prácticos, el efecto es de suspense. ¿Caminaron hacia el mar y qué? ¿Dónde está el resto de la frase? ¿Caminaron hacia el mar y se los comió un gran tiburón blanco? Tampoco convendría hacerlo así: «Se cogieron de la mano... y caminaron hacia el mar».

Ahí esos puntos suspensivos no están haciendo nada. Usa los puntos suspensivos solo cuando sean necesarios. Ya sé que estás harto/a de verlos en todas partes, incluso en libros de grandes editoriales (el otro día me encontré con un prólogo en un libro superventas donde todas las oraciones, sí, todas, terminaban en puntos suspensivos). Con los puntos suspensivos ocurre igual que con todo lo demás: si abusamos de ellos, pierden efectividad. Si los usamos con mesura, ejercerán su función con alegría y eficiencia cuando toque.

21. ¿Comillas o cursiva?

De nuevo, encontramos otra diferenciación que se ha complicado debido al uso de internet, ya que la RAE acepta el uso de las comillas inglesas ("") en formatos donde no haya cursiva (texto manuscrito, Twitter, Facebook...). Pero en tu libro sí que tienes la cursiva a mano (ya sabes, la herramienta para poner las palabras *de esta manera*) y además tienes acceso a nuestras comillas de preferencia, que son las latinas o angulares («»).

Dejo aquí algunos apuntes básicos sobre usos comunes de cursivas y comillas:

a) Recuerda que se usan comillas para expresar pensamientos de personajes. Por ejemplo:

«Tengo que encontrar un novio nuevo», pensó Karina, cuando vio a Pablo escupir en el suelo por tercera vez esa tarde.

b) También sirven para citar lo que dijo otra persona:

—Karina me dijo: «Eres el tipo más idiota que he conocido nunca». —Pablo se echó a llorar.

c) Son útiles para cuando decimos cosas mal a propósito o estamos siendo irónicos (aunque la RAE acepta también aquí el uso de la cursiva):

—Mónica es muy «generosa». Me dijo que no me daba patatas fritas. Lo que es es una «espabilá».

NO SON:

• Para los diálogos comunes, en estilo directo (para eso están las rayas). Sí se usan (o más bien se usan las comillas de cierre) cuando un personaje sigue hablando en un punto y aparte. Por ejemplo:

> —Mónica es muy «generosa» —aseguró Juan—. Me dijo que no me daba patatas fritas. Lo que es es una «espabilá».
> »Y estoy harto de que no me dé patatas. Yo siempre le doy cuando me las pide. Menuda cara tiene. —Juan se encogió de hombros y me miró con cara de perro apaleado.
> —Eso no es verdad, mentiroso —dije yo. Le arrebaté el paquete—. Tú no le das patatas a nadie.

• Para los títulos de libros, obras de arte, nombres de periódicos, etc. Porque para eso están las cursivas.

• Para palabras extranjeras. Para eso también están las cursivas. Aquí hay una excepción: no es necesario poner en cursiva (ni de ningún modo distinto) los nombres propios o acrónimos de otras lenguas.

22. Signos de exclamación e interrogación

Otro problema frecuente con el que me he encontrado ha sido el exceso de signos de exclamación e interrogación.

Estos signos tienen poder, ¡mucho poder! Con abrir una vez exclamación o interrogación es más que suficiente. No recomiendo usar signos dobles, a no ser que queramos dar un énfasis extraordinario a algo. Y si queremos, no abusemos, porque entonces ese énfasis perderá su efecto al estar rodeado de signos por todas partes.

Un ejemplo:

—¿Has visto lo que ha hecho Carmencita?
—¡Sí, es muy fuerte!
—¿Te puedes creer que nos ha estado engañando a todos?
—¡Lo de las nóminas falsas no tiene nombre!
—No, eso no. ¡Me refiero a lo de acostarse con nuestros maridos!
—¡¿Qué?!

Ese último *qué* es a la vez una pregunta y una exclamación. Por lo demás, intentemos reducir el uso de signos al mínimo. No me digas que esto no parece el exabrupto de un quinceañero borracho por SMS, en vez de una frase interesante en una novela:

—¡¡¡¡¡Tía, es que es alucinante que hayamos encontrado el cuerpo descompuesto de tu madre!!!!????

En su serie *Mundodisco*, Terry Pratchett solía poner en boca de sus personajes la reflexión de que más de dos signos de exclamación al escribir son un signo inequívoco de locura. Pratchett sabía mucho, hazle caso.

(Y recuerda que tras los signos de exclamación e interrogación nunca se pone punto).

23. Menuda rayada de diálogo

Los diálogos son difíciles de hacer bien. No solo hay que conseguir que nuestro personaje no parezca un cretino balbuceante, sino que tiene que hablar de una manera medianamente creíble. No ayuda, entonces, si no sabemos manejarnos con las rayas de diálogo.

Échale un ojo a tus diálogos y asegúrate de que cumplen estas condiciones:

• ¿Estás usando rayas? Lo correcto en nuestro idioma es usar estos caracteres, no las comillas (""), como hacen los anglosajones, ni los guiones (-). Es aceptable usar el conocido como guion medio (–), pero lo ideal es la raya (—), que se puede obtener insertando desde la opción de símbolos de Word, cortando y pegando, o con la combinación de teclas Alt+0151 o de Ctrl+ Alt+guion del teclado numérico. Yo uso un truco que me enseñó otro escritor, que es ir a las opciones de autocorrección del editor de texto e indicarle que cada vez que escribamos un guion - nos lo sustituya por —.

A no ser que uses Scrivener, lo cual indicaría que eres un escritor hiperevolucionado y que no necesitas este libro (¿qué haces leyéndome?).

• Las rayas van al comienzo de la participación de cada interlocutor y sirven también para separar lo que dice el personaje de lo que contamos nosotros como narradores. Recuerda que las rayas en estos incisos van siempre pegadas a lo que dice el narrador. Así:

—¡Hola! —dijo Fernando, al verlo entrar—. ¿Quieres que nos tomemos una cerveza?

Como puedes ver en el ejemplo, el punto (o coma o lo que sea) va después de la raya final del inciso.

• Estos incisos narrativos se abren con minúscula, siempre que usen un verbo de habla. Pero si estamos describiendo una acción, en vez de usar un verbo de habla se usa mayúscula. Aquí dejo otro ejemplo:

—Hola —dijo Fernando, al verlo entrar—. ¿Quieres que nos tomemos una cerveza?

—Hola. —Se quitó la chaqueta y lo saludó, animado—. ¿Quieres que nos tomemos una cerveza?

¿Ves la diferencia? Los verbos de habla (*decir*, *comentar*, *expresar*, *exclamar*, *contar*, etc.) forman parte de la oración, por lo que siguen en minúscula. Pero si contamos la acción de un personaje, ese corte abrupto implica una separación por punto, que representamos con un comienzo de oración; de ahí la mayúscula.

Si todavía no te entiendes con la ortotipografía del diálogo, te recomiendo este enlace: https://nestorbelda.com/las-rayas-y-la-puntuacion-de-los-dialogos/, donde Néstor Belda lo explica todo, paso por paso, de forma muy clara.

24. Y hablando de hablar

Respecto a los verbos de habla, ¿cuáles utilizas? Acuérdate de echarles un vistazo, porque con frecuencia nos entusiasmamos probando todos los verbos expresivos habidos y por haber, pero eso solo interrumpe la experiencia lectora.

Mira este ejemplo:

—No sé de qué estás hablando —refunfuñó María—. Estás siendo muy injusta.
—Te lo has buscado tú solita —rezongó Laura—, ¿a quién se le ocurre darle de beber agua de la fuente mágica a mamá?
—¡Tenía sed! —manifestó ella, enfadada—. ¿Qué querías, que la dejara sin beber?
—¡Haberle dado agua del grifo, como hacemos todos! —clamó Laura y marchó dando un portazo.

Y:

—No sé de qué estás hablando —dijo María—. Estás siendo muy injusta.
—Te lo has buscado tú solita —respondió Laura—, ¿a quién se le ocurre darle de beber agua de la fuente mágica a mamá?
—¡Tenía sed! —dijo ella, enfadada—. ¿Qué querías, que la dejara sin beber?
—¡Haberle dado agua del grifo, como hacemos todos! —Laura marchó dando un portazo.

Aunque hayamos metido el *respondió* para darle un pelín de variedad, el uso sencillo del verbo *decir* no distrae tanto al lector del diálogo en sí como sucede con tanto verbo innecesario en la primera opción. Y si queremos evitar repetirnos mucho, siempre podemos usar incisos de acción en vez de verbos de habla.

25. La regla de tres

Probablemente te habrás encontrado con alguno de esos textos demasiado llenos de acotaciones, de participaciones de los interlocutores en el diálogo, o has dado con el caso contrario: diálogos donde no tienes ni idea de quién está hablando ni qué está haciendo, como si los participantes charlaran en el vacío.

¿Cómo podemos evitar esto? ¿Cómo darle un aspecto natural y creíble a nuestros diálogos?

Para esto hay una regla maravillosa conocida como la regla de tres. Por suerte, no es necesaria ninguna operación matemática más allá de una suma básica.

¿Cómo se utiliza? Es sencillo: solo tienes que asegurarte de meter una acotación cada tres participaciones, más o menos.

Ahí va el ejemplo que puse también en el artículo del blog (http://www.gabriellaliteraria.com/la-regla-de-tres/) al respecto:

—No entiendo de lo que estás hablando. Estás loca. Esto que me estás contando sobre la regla de tres es una chorrada. No sirve para nada, en serio. Me vuelvo a casa a escuchar discos de Extremoduro mientras leo eBooks sobre cómo escribir, escritos por profesionales de verdad. Eres una inútil —dijo Juancho.

—Lo siento. Tienes razón. Soy un desastre. Me explico fatal. Vete a tu casa a comprar libros de esos ya mismo —le dije.

Y ahora mira cómo queda si aplicamos la regla de tres:

—No entiendo de lo que estás hablando. Estás loca. Esto que me estás contando sobre la regla de tres es una chorrada. —Juancho me miró como si hablara con una pobre idiota. Tal vez estaba en lo cierto—. No sirve para nada, en serio. Me vuelvo a casa a escuchar discos de Extremoduro mientras leo eBooks sobre cómo escribir, escritos por profesionales de verdad. —Me apuntó con el dedo—. Eres una inútil.

—Lo siento. Tienes razón —le dije—. Soy un desastre. Me explico fatal. Vete a tu casa a comprar libros de esos ya mismo.

¿No tiene ahora mucha más vidilla, más fluidez? No solo le damos mejor ritmo, sino que aprovechamos la oportunidad para introducir acciones dentro del propio diálogo, para que los lectores vean lo que hace cada personaje.

Lo mejor de esta regla es que no solo sirve para diálogos: también puedes usarla para evitar soltar demasiados datos de ambientación de golpe (de esto hablaremos más adelante) y para no pasarte con los adjetivos.

De adjetivos, precisamente, voy a hablar ahora.

26. Un hermoso y redundante adjetivo innecesario

Échale un vistazo a tus adjetivos y pregúntate: ¿hacen falta todos?

La sobrecarga de adjetivos también cansa al lector. Ten en cuenta que cada detalle descriptivo que das es un esfuerzo mental que tiene que realizar quien te lee (para visualizar y entender lo que dices). Todos tenemos un nivel máximo de esfuerzo que estamos dispuestos a emplear antes de cansarnos, por lo que con demasiados adjetivos te arriesgas a que el lector se rinda antes de llegar a los lugares donde vas a necesitar toda su atención.

Además, pocas cosas hay tan irritantes como las palabras vacías, que no aportan nada.

Un ejemplo:

La niña pequeña entró por la puerta alta y recogió veinte hermosas y aterciopeladas rosas rojas del florido jardín de su cuidadosa madre.

No solo nos encontramos aquí con un texto recargado, cursi, sino que vemos que hay información que no es importante. Al decir *niña* todos imaginamos lo de *pequeña*; al ser una niña, la puerta le parecerá alta —eso ya lo sabemos—, al igual que todos sabemos que los pétalos de las rosas tienen una textura aterciopelada. Como hay rosas, ya imaginamos que el jardín es florido, y si hay flores sabemos que el jardín está más o menos cuidado.

La niña entró por la puerta verde y recogió veinte rosas rojas del jardín de su madre.

Aquí solo aportamos dos adjetivos que nos proporcionan información nueva (*verde* y *rojas*). Estas notas de color sobre un fondo desadjetivado, limpio, destacan y ofrecen un bonito contraste. Los colores quedan más claros en la mente del lector, en vez de perderse en un mar de adjetivos que distraen sin aportar nada de sustancia a la lectura.

Y ahora viene la pregunta de siempre:

¡Pero (insertar nombre de genio de la literatura aquí) utilizaba muchos adjetivos! ¿Por qué tengo que hacerte caso a ti?

En primer lugar, si eres un genio literario como (insertar nombre de genio de la literatura aquí), estás leyendo el libro equivocado. Vuela libre a escribir tu propia obra.

Cuando alguien tiene un entendimiento avanzado del lenguaje, puede elegir abusar de algún elemento para obtener determinados efectos fonéticos. Es algo que ocurre con Cormac McCarthy y el gerundio, por ejemplo. Usa gerundios por doquier, aunque sabemos que eso, en teoría, no da muy buen resultado. Pero lee con atención y descubrirás una especie de melodía, un ritmo muy específico basado en el gerundio que se ha usado para obtener determinada experiencia lectora.

Y repito: a todos nos falta mucho para llegar a ser McCarthy. Prueba a eliminar lo innecesario, a limpiar tu texto lo más posible. Una vez esté simplificado, verás qué efecto tan sorprendente puede tener el uso de unos pocos adjetivos bien colocados.

27. Errores mayúsculos

Estos son los errores con mayúsculas/minúsculas más frecuentes, así que acuérdate de buscarlos en tus textos:

• Por influencia anglosajona (*again*), tendemos a poner con mayúscula todas las palabras de los títulos de libros, obras de arte, etc. No, en nuestro idioma solo se pone con mayúscula la primera palabra:

Cariño, He Encogido a los Niños (no).
Cariño, he encogido a los niños (sí).

• Recordemos que los días y meses van en minúscula:

Termina los exámenes en Junio (no).
Termina los exámenes en junio (sí).

A ver si nos vemos el Martes (no).
A ver si nos vemos el martes (sí).

• Los accidentes geográficos también van en minúscula:

Navegaron hasta el Golfo Pérsico (no).
Navegaron hasta el golfo Pérsico (sí).

• Los cargos también, por mucho que queramos ponerles mayúsculas para que parezcan más importantes:

Prepararon una fiesta especial para la llegada del Papa (no).
Prepararon una fiesta especial para la llegada del papa (sí).

Él no acepta que ya no es Director de esta empresa (no).
Él no acepta que ya no es director de esta empresa (sí).

• Cuidado con los apodos y pseudónimos. Comienzan con mayúscula inicial, a no ser que vayan precedidos de artículo (que irá en minúscula). Y recuerda también que no hay que resaltar los apodos con comillas ni cursiva, a no ser que el apodo en cuestión esté entre el nombre de pila y el apellido (Ernesto «Che» Guevara).

28. Tildes en exclamativos e interrogativos

Una de las palabras que más complicaciones suele traer a los escritores es ese malvado *como/cómo*, por no hablar de otros pronombres interrogativos como *dónde, cuándo* o *cuánto*.

Para los que no tienen conocimientos ni tiempo para ponerse a buscar y entender todos los casos aplicables a relativos, interrogativos/exclamativos, completivos y similares, dejo aquí dos trucos que funcionan a las mil maravillas.

En el caso de *cómo/como*, solo llevan tilde los *cómo* interrogativos y exclamativos. Pero ¿cómo saber si estamos ante una interrogativa indirecta, por ejemplo, o una oración completiva o de relativo (donde *como* no tiene que llevar tilde)? ¡Si parecen lo mismo!

Fácil. Probamos a sustituir ese *cómo/como* por *que*. Si la sustitución es posible (sin alterar para nada el significado que queríamos darle a la frase), no tiene que llevar tilde. Esto ocurre mucho con verbos de percepción (*ver, oír, observar*, etc.). Si vemos que la sustitución funciona mejor con *de qué manera*, estamos ante un interrogativo o exclamativo y llevará tilde. Por ejemplo:

Intentó evitarlo, pero vio como ese dracoleón se comía un niño de cinco años.

Vamos a intentar cambiar ese *como* por *que*:

Intentó evitarlo, pero vio que ese dracoleón se comía un niño de cinco años.

¡Funciona! Así que lo dejamos sin tilde.

Pero veamos ahora este otro ejemplo:

Estaba muy interesado en conocer los hábitos alimenticios de esos bichos; hasta vio cómo ese dracoleón se comía a un niño de cinco años.

Estaba muy interesado en conocer los hábitos alimenticios de esos bichos; hasta vio de qué manera ese dracoleón se comía a un niño de cinco años.

¡Con tilde!

Con el mismo *cómo/como*, y respecto a otras formas como *dónde/donde*, *cuándo/cuándo* o incluso *qué/que*, hay otro truco muy útil:
Si podemos añadir *narices* a la forma que nos intriga, veremos si es interrogativa/exclamativa o no:

Quiso saber dónde se había metido el niño.

Quiso saber dónde (narices) se había metido el niño.

Puede ponerse *narices*, así que es interrogativa o exclamativa y lleva tilde.

Pero en:

Iremos donde tú quieras.

Iremos donde (narices) tú quieres.

Ese «donde narices» no termina de funcionar. Es porque el *donde* no es interrogativo ni exclamativo, sino relativo (podríamos sustituirlo por «el lugar al que tú quieras») y por tanto no lleva tilde.

Si sigues teniendo problemas para entender la distinción *como/cómo* o si quieres entender mejor su diferencia a nivel gramatical, puedes leer este artículo completo que escribí al respecto: http://www.gabriellaliteraria.com/el-uso-de-la-tilde-acento-grafico-en-los-interrogativos-y-exclamativos/

29. Y otras diacríticas

La tilde diacrítica es aquella que, en vez de seguir las reglas generales de acentuación (que son... bueno, generales) se usa para marcar una distinción entre dos formas en apariencia iguales pero con significado y función distintos.

En los últimos años ha habido algo de revuelo por la insistencia de la RAE en eliminar la diacrítica de dos clásicos: el *solo/sólo*, y los pronombres y determinantes demostrativos (*éste/este, aquel/aquél, ése/ese*).

¿Qué es lo correcto?

La RAE no prohíbe el uso de esas diacríticas en concreto. Personalmente he dejado de utilizarlas por cuestiones de coherencia y estilo con mis clientes, pero si sois de los que preferís el *sólo/solo*, adelante, hacéis muy bien. Por otra parte, sí que me parece que puede ser recomendable eliminar todas las tildes de los demostrativos por simple comodidad, ya que, de todas maneras, raro es el autor que las use siempre con corrección.

Lo importante es asegurarte de que haya coherencia de estilo en tu documento. Es decir, que si haces una distinción entre *sólo* adverbio y *solo* adjetivo, mantén esa regla en todo tu texto. No le quites y pongas la tilde de forma aleatoria. Y lo mismo con los demostrativos. No puedes simplemente ponerte a ponerle tildes a los pronombres demostrativos a mitad de capítulo, libro o saga.

Y si tienes alguna duda sobre la diferencia entre *sólo* y *solo*, recuerda que el *sólo* adverbio (con tilde) es aquel que puedes sustituir por *solamente*.

30. Hiatos que dan hernias

Y vamos a dejar pronto el tema de las tildes, que te acabo de pillar bostezando. Pero creo que es importante darle un repaso breve a una última cuestión: hiatos y diptongos, y las tildes que se meten por medio.

Me preguntarás por qué me pongo pesada con esto, que es complicadísimo y no lo has visto desde el cole y tampoco te hace falta.

Puede que eso sea cierto, ¡pero las tildes en hiatos y diptongos son el talón de Aquiles de más de un escritor experimentado!

Doy por sentado que conoces las reglas básicas de acentuación. Ya sabes: se pone tilde en palabras agudas terminadas en *n*, *s* o vocal y etc.

¿Sí, no? (Si necesitas un breve repaso, puedes ir aquí: http://www.elabueloeduca.com/aprender/lengua/ortografia/reglasacento.html). Te habrás fijado en que en casi cualquier página sobre acentuación se da una explicación muy breve y poco útil de cómo poner la tilde en el caso de varias vocales que van juntas.

Así que voy a intentar explicarlo de manera clara y sencilla.

Sabes que ponemos tilde según donde esté el golpe de voz más fuerte en una palabra (en la sílaba tónica). Por esto, es importante distinguir si una palabra es monosílaba (una sílaba), bisílaba (dos sílabas), etc., porque así podremos ver si es aguda (con el golpe de voz más fuerte en la última sílaba), llana (golpe de voz más fuerte en la penúltima sílaba) o esdrújula (golpe de voz más fuerte en la antepenúltima sílaba). También podemos encontrar sobresdrújulas, pero creo que ya vas pillando cómo va esto.

Una vez sepamos si estamos ante una palabra aguda, llana o esdrújula, solo hay que aplicar las reglas de acentuación de siempre.

El problema surge cuando vemos dos vocales juntas y no sabemos si juntas forman una sola sílaba (diptongo) o se separan en dos (hiato). ¿Y cuándo se ponen tildes en diptongos e hiatos?

Ten en cuenta que las vocales se dividen en fuertes (o abiertas): *a*, *e*, *o* y en débiles (o cerradas): *i*, *u*.

Y ahora entran las formulitas mágicas. Si F es fuerte y D es débil, lo hacemos así:

• D+D= Diptongo (una vocal débil junto a otra débil forman un diptongo —una sola sílaba—. Aplicamos las reglas de acentuación de siempre).

• F+F= Hiato (si ves una vocal fuerte al lado de otra fuerte, tenemos un hiato. Es decir, las vocales se separan y tenemos dos sílabas en vez de una. Aplicamos las reglas de acentuación de siempre).

• D+F o F+D= Diptongo (si una de las vocales es débil, tenemos un diptongo, por lo que las vocales se unen en una sola sílaba. Aplicamos las reglas de acentuación de siempre).

Pero ¿qué ocurre, en este último caso, cuando el acento, el golpe de voz más fuerte, cae en una de estas débiles? Pues resulta que, a efectos prácticos, se convierte en fuerte (¡!). Y esto lo marcamos con una tilde (acento gráfico), corresponda eso o no con las reglas de acentuación de siempre:

• D'+F o F+D' = F+F (¡hiato! ¡Y se pone tilde!).

Un ejemplo: «Siempre me río cuando mi hermana se cae por el barranco».
¿Ves ese *río*, de *reír*?
La *i* es una vocal débil que se lleva el golpe de voz más fuerte, el acento. Va con una vocal fuerte. ¡Tenemos un D'+F, que se convierte en F+F, un hiato especial y transformador!*. Aunque

en teoría, según las reglas generales de acentuación, no correspondería (*río* sería, con sus dos sílabas, llana terminada en vocal), le ponemos una tilde.

Todo esto queda muy largo, pero con la práctica verás, al mirar cualquier palabra, que en realidad es muy fácil. Y si recuerdas esas formulitas, podrás aplicarlas siempre que tengas dudas. Yo las aprendí hace más de veinte años y todavía las uso.

Y ahora me miras con expresión confusa y me dices: «Espera, uuun momento. ¿Y qué pasa con *rio*, el pasado de *reír*? Como el acento cae en la *o*, la vocal fuerte, tenemos D+F, que sería un diptongo. Es aguda, terminada en vocal. ¿Por qué diantres no lleva tilde?».

Porque, al haber un diptongo, solo tenemos una sílaba. *Rio*, pasado del verbo *reír*, es palabra monosílaba. Y los monosílabos nunca se tildan. Esa es la razón por la que *guion* tampoco lleva tilde.

*Lo sé, me emociono más de lo saludable con la ortografía.

31. ¿Perdido en un mar de le/lo/laísmos y sin saber qué hacer?

No te voy a engañar: esto de los leísmos, laísmos y loísmos es complicado. Si vas con prisa, sáltate este apartado, por ahora. Necesitarás leerlo con atención y tal vez una gorra de esas de pensar.

Hay dos modos de intentar descubrir si estamos usando bien estos pronombres.

El primero, simplemente buscar el verbo en el diccionario. Si nos dice que ese verbo es transitivo, significa que los pronombres que lo acompañan de forma inmediata seguramente serán complementos directos, en cuyo caso tendremos que usar *lo* y *la*.

Pero a veces nos encontramos con verbos que pueden ser, según como los usemos, transitivos o intransitivos. Ahí tendremos que recurrir a otro sistema.

Aquí vamos a desenterrar un poco de sintaxis de colegio. Si tienes sintaxis de bachillerato o universidad (o doctorado *cum laude*), puedes ignorar esta parte. Tienes mi permiso.

Vamos a usar este ejemplo:

Paso 1: «Mi madre regaló una caja vacía». Ahí tenemos una frase muy sencilla que podemos analizar de la siguiente manera: sujeto (*mi madre*) + verbo (*regaló*) + complemento directo (*una caja vacía*).

Paso 2: Ahora vamos a pasar esa frase a voz pasiva. ¿Cómo se hace eso? En la pasiva, el sujeto de la oración activa original se convierte en un tipo de complemento llamado *complemento agente*, y lo que antes era el complemento directo pasa a ser el nuevo sujeto. Así, «una caja vacía fue regalada por mi madre» estaría formado por sujeto (*una caja vacía*) + verbo en voz pasiva (*fue regalada*; ahí el uso del verbo *ser* nos da la pista)+complemento agente (*por mi madre*, que expresa quién fue el agente de la acción en realidad).

Paso 3: Vale. Ahora explico qué tiene que ver esto con el leísmo/loísmo/laísmo, lo prometo. Tenme un poco de paciencia.
Digamos que tenemos una frase con la que dudamos sobre si usar *le* o *lo/a*. Por ejemplo:

La princesa marciana lo quería tanto que hizo colgar imágenes de su rostro en las puertas de todas las viviendas del planeta.

La princesa marciana le quería tanto que hizo colgar imágenes de su rostro en las puertas de todas las viviendas del planeta.

¡Ay! ¿Qué sería correcto?
¡Vamos a pasar a pasiva! Probemos con la primera opción:

Él era tan querido por la princesa marciana que hizo colgar imágenes de su rostro en las puertas de todas las viviendas del planeta.

¡Se puede! ¡Eso significa que era un complemento directo! ¡Eso significa que tenemos que usar *lo* (que es un pronombre que sustituye al complemento directo) y no *le* (que es un pronombre que sustituye al complemento indirecto)!

Lo correcto, entonces, sería:

La princesa marciana lo quería tanto que hizo colgar imágenes de su rostro en las puertas de todas las viviendas del planeta.

Probemos con otro ejemplo.

Le dije que cerrara la boca.

La dije que cerrara la boca.

¿Cuál de las dos frases sería la correcta? Vamos a intentar pasar a pasiva:

¿Que cerrara la boca fue dicho por ella? Mmm, no, no lo dijo ella, lo dije yo. ¿Ella que cerrara la boca fue dicho a mí? Eeeeh.

¡No funciona!

Eso significa que el complemento directo no puede transformarse ahí en sujeto de la pasiva. Por tanto, NO ES COMPLEMENTO DIRECTO, ¡ES INDIRECTO!

Y usamos *le*:

Le dije que cerrara la boca.

Todo esto puede parecer algo complicado en principio, pero es un método útil para saber elegir *le* o *lo*/*la* cuando corresponda, sobre todo si tienes un manejo básico de sintaxis.

Y ahora viene la terrible verdad:

Hay excepciones.

Hay una cosa aceptada llamada *leísmo de cortesía* («le espero a usted»). Y también se aceptan ciertos leísmos relacionados con verbos de persuasión («le persuadió», «le convenció»…). Y luego está el curioso caso del verbo *pegar*, que, como tiene dos significados muy diferentes (agredir/unir algo a otra cosa mediante adhesivo), usa *le*/*lo*/*la* como maneras de distinguir esas acepciones: «Le pegó bien fuerte a su padre» (agredió a su padre); «lo pegó bien fuerte a su padre» (pegó algo al cuerpo de su padre).

Si te peleas con los leísmos, los loísmos y los laísmos, no desesperes. Primero aprende lo básico, como por ejemplo a usar el truco de la pasiva y a entender cómo funciona cada elemento en la oración (que de todas formas es algo que siempre hay que hacer para escribir mejor).

Luego, hay mucho más aquí, donde se analizan las diferentes excepciones: http://www.yorokobu.es/leismo/

32. Porque/por qué

El *porque* está a medio camino entre los problemas de diacrítica, de interrogativas y causales y toda esa pesca. Pero hay cuatro variables que debemos tener en cuenta.

• *Por qué:* Interrogativo. Preguntas.

¿Por qué me has traído ese ratón muerto? ¡Acabo de cenar!

No entiendo por qué me has traído ese ratón muerto. ¡Acabo de cenar!

• *Porque:* Causal. Respuestas.

Te he traído este ratón muerto porque me pareció romántico.

• *Porqué.* El porqué. La razón, sustantivada. Siempre lleva el artículo delante.

No entendía el porqué de este ratón muerto. Pero ahora que lo dices, sí, me recuerda un poco a nuestra luna de miel.

• *Por que:* Simplemente el uso de la preposición *por* y de *que* (ya sea pronombre relativo o conjunción), que casualmente acaban juntos:

Los premios por que competían eran importantes: sus propias gónadas.

Están ansiosos por que les digas que son los marineros más guapos del mundo.

¿Fácil, verdad? Bueno, por lo menos más fácil que lidiar con el leísmo.

33. Marcas y palabras en otros idiomas

Ya hemos hablado de la influencia de otros idiomas, sobre todo el inglés, en el nuestro. Pero ¿sabías que uno de los errores más comunes es escribir mal las palabras extranjeras? Nos suenan, las usamos a diario y es muy fácil que se nos escapen barbaridades. Que una palabra esté en otra lengua no es excusa para usarla mal:

Ese tío tiene cuarenta mil seguidores en Twitter. Es un influenser.

¡No! La palabra correcta es *influencer*. Y recuerda que, al ser una palabra extranjera, va en cursiva.

Aprovecho este apartado para recordar que los barbarismos y los extranjerismos están ahí fuera. Llegan hasta nosotros a través de las rendijas del lenguaje SMS, de la televisión, de la informática, de los *memes* de internet y de la jerga incomprensible de la mercadotecnia. Si vas a usar *marketing*, que a mí personalmente me gusta más (porque *marketing* y *mercadotecnia* no funcionan igual en todos los contextos, a mi parecer), ponlo en cursiva, que es palabra extranjera. El *Diccionario Panhispánico de Dudas* propuso en su momento *márquetin*, porque son unos cachondos. Como si no hubiéramos tenido bastante con *güisqui* o *deuvedé*.

Por influencia de otros idiomas, algunas palabras no significan lo que creemos que significan (como ya hemos mencionado en apartados anteriores). Otras, como *show*, *data* o *resort*, tienen opciones disponibles en nuestro idioma (*espectáculo*, *datos*, *complejo hotelero o turístico*) y deberíamos darles preferencia a las palabras españolas.

Lo dicho: si algo te suena demasiado inglés (hay extranjerismos de otros idiomas, pero, reconozcámoslo, el inglés es el más común en estos momentos), asegúrate de que no hay otra palabra más bonita y nuestra que usar en su lugar.

En determinados ámbitos es inevitable usar extranjerismos para comunicarnos. Si yo digo *SEO*, por ejemplo, mis lectores de contenidos sobre mercadotecnia me entenderán mucho mejor (y más rápido) que si digo *optimización en motores de búsqueda* o *posicionamiento en buscadores*. Y todo experto en *hardware* sabe que no es exactamente lo mismo que *equipo*.

Pero si escribes ficción al uso, probablemente no tengas ese problema. Intenta siempre encontrar una alternativa viable en nuestro idioma.

34. Debes de deber

Aunque la solución es muy sencilla, es curioso lo mucho que confundimos *deber* con *deber de*. Y es que *deber* suele referirse a una obligación, mientras que *deber de* siempre significa aproximación, sobre todo cuando no estamos seguros de algo.

Por ejemplo:

Tú debes de ser el amante de mi esposa.

(Imagino que eres el amante de mi esposa).

Tú debes ser el amante de mi esposa.

(Tienes la obligación de convertirte en el amante de mi esposa).

Como ves, esa preposición *de* puede ser muy importante a veces. Más ejemplos:

En el mundo de Oniria345, un saco de patatas debe de costar treinta mil maravedíes argénteos imperiales.

(En este mundo absurdo que me acabo de inventar, un saco de patatas cuesta, mmm, más o menos, unos treinta mil maravedíes argénteos, porque tal es la inflación en este planeta distópico).

En el mundo de Oniria345, un saco de patatas debe costar treinta mil maravedíes argénteos imperiales.

(En este mundo absurdo que gobierno con puño férreo, decido que un saco de patatas cuesta treinta mil maravedíes argénteos, porque soy un emperador malvado con un corazón de piedra al que le gusta ver morir de hambre al populacho).

Lo dicho: distinguir entre *deber de* y *deber* es más importante de lo que parece.

Sí, también se acepta que *deber* (sin *de*) pueda significar aproximación o suposición, pero el significado de obligación es el más común y si lo recuerdas de esta manera: *deber*+infinitivo=obligación y *deber de*+infinitivo=suposición, no te confundirás nunca.

35. Mi reino por la palabra precisa

Una de las señas de un escritor experimentado es la habilidad de utilizar palabras perfectas para cada contexto. Cuanta más fuerza semántica tenga la palabra, mejor (siempre es más interesante usar palabras con múltiples connotaciones, que exploten en el cerebro del lector, que cualquier término a secas). Pero también es fundamental hacer uso de la palabra exacta, aquella que expresa con precisión lo que queremos decir. Para ello hay que alcanzar un ajuste muy complicado: usar palabras exactas para cada significado, sin caer en los tecnicismos ni en la pedantería.

Por ejemplo, podemos decir:

Dio media vuelta sobre sí mismo, uno de sus pies cayó sobre el otro y chocó contra el cristal de la ventana, rompiéndolo y cayendo fuera de la casa.

Aparte de esos gerundios tan feos, hay mucho que podemos mejorar aquí:

Se giró y tropezó; atravesó la ventana y cayó a la calle.

Cuando hablamos de *perífrasis* (también conocida como *circunloquio*), nos referimos a los rodeos que damos para expresar algo. Esto puede usarse como recurso estilístico (por ejemplo cuando decimos «el rey de la selva» para decir león), pero por lo general acaba refiriéndose a las vueltas interminables, a los excesos de aquellos que añaden más palabras de la cuenta porque desconocen un término preciso. Cuidado con la perífrasis. Como ya hemos dicho, la simplicidad tiene fuerza y cuando estamos narrando tiene mayor potencia una *pierna* que una *extremidad inferior*, un *tejado* que la *cobertura superior de un edificio*, una *joven* que un *proyecto de mujer*. Si pretendemos usar perífrasis para evitar repeticiones, bien, aunque siempre tenemos la posibilidad de usar sinónimos. Llamemos a las cosas por su nombre. ¡Evitaremos caer en las cursilerías más abyectas!

36. ¿Dónde he escuchado eso antes?

Los refranes están muy bien si estás escribiendo costumbrismo decimonónico o si estás compilando un libro de proverbios. Por lo demás, las expresiones consabidas y las frases hechas pueden estropear, por cansinas, un texto bien construido. Esto no significa que no puedas utilizar construcciones conocidas. Utiliza el sentido común: ¿son construcciones repetidas, sobadas, que usamos todos en nuestra vida diaria? Mejor prescindir de ellas. Del mismo modo, ¿son construcciones obsoletas, que nos hacen parecer señores de la Ilustración? Tampoco son una buena idea. Es normal utilizar determinadas construcciones: son reconocibles para el lector y ayudan a expresar conceptos. Pero siempre es buena idea huir de todo aquello que hayamos leído mil veces en otros sitios.

Algo parecido ocurre con la metáfora, con los adjetivos y con las descripciones en general. Huyamos de las metáforas muertas, aquellas que se han usado hasta el agotamiento, cosas como: dientes como perlas, cabello de oro, luna de plata, piel blanca como el mármol o como la nieve... De esto hablaremos también en la parte de corrección de contenido de este libro.

Hay quien dice que nunca debes usar una expresión que hayas leído antes. Tampoco hay que llegar a este extremo. Como ya he dicho, algunos lugares comunes son útiles para comunicarnos con eficiencia. Pero sí conviene analizar esas formas de hablar repetidas, esas frasecitas que vemos en todas partes. Dejo aquí algunos ejemplos (puedes encontrar muchos más en este artículo de Inteligencia Narrativa: http://www.inteligencianarrativa.com/100-cliches-linguisticos-que-deberias-evitar/):

A quien madruga Dios le ayuda.
Le llegó al alma.
Se abrazó a su pecho fornido.

Huyó para no regresar.
Eran almas gemelas.

Si quieres leer más sobre la diferencia entre utilizar un lugar común para una comunicación eficiente y el abuso de expresiones manidas, recomiendo también esta entrevista realizada al editor y escritor Luis Magrinyà: http://psychonauts.es/luis-magrinya/.

37. ¿Tiene sentido todo lo que dices?

Este es otro problema sorprendentemente común entre escritores. Todos nos entendemos muy bien en nuestras cabezas (o no, pero para eso igual haría falta un libro de psicología o de autoayuda, no uno de corrección), pero eso no significa que el lector pueda leernos la mente.

A menudo encontramos oraciones que, debido a un mal uso de la puntuación, a un sujeto que no está claro (o que directamente no está) o a un verbo mal colocado, no tienen sentido. Como autores, puede resultar difícil pillar este tipo de construcciones, porque nosotros sabemos muy bien qué queremos decir (la mayoría de las veces).

Acuérdate de hacer por lo menos una revisión con una lectura en voz alta. Si una frase no tiene un significado comprensible, o no queda claro quién la dice, lo descubrirás aquí. Del mismo modo, esta es otra razón por la que un lector cero, alguien que pueda leer tu obra y opinar sobre ella, es un recurso valiosísimo para todos los que escribimos. Una de las funciones principales de este lector será analizar y señalar aquellas construcciones que no se entienden del todo.

Es importante que al lector le quede muy claro quién hace y dice qué. Otro de los problemas más comunes en manuscritos sin corregir es la presencia de oraciones con sujetos confusos. Y si una frase es muy larga y tiene una abundancia de comas, asegúrate de que quede cristalina. No queremos que el lector se ahogue en un mar de subordinadas.

Por supuesto, si tu novela es dadaísta y/o muy experimental, posiblemente tengas que ignorar este apartado.

38. No seas incoherente

A menudo me encuentro con textos donde no se tiene en cuenta la coherencia del estilo. Con esto quiero decir que para el lector siempre es desconcertante encontrarse un párrafo lírico y precioso, elevado, de descripción de un amanecer perfecto sobre el mar, y dos párrafos más tarde leer ocho frases llenas de coloquialismos o incluso de tacos.

¿No pueden usarse palabras coloquiales o tacos? ¡Por supuesto que se puede! (Y os recomiendo que leáis este artículo de Víctor Selles para saber cuándo y dónde y cómo: http://victorselles.com/expresiones-malsonantes-en-tus-textos-valen-o-no-valen/). Pero debes tener cuidado de mantener el mismo tono a lo largo de toda la obra.

La única manera de saltarse esta regla es cambiar de perspectiva. Cuando lo ves todo desde el punto de vista de un adolescente de quince años que va al instituto más pobre de la capital, es muy normal que el tono sea diferente al de una persona de cincuenta años que acude a una cena de negocios donde hay cantidades millonarias en juego. Deberás dejar muy claro el cambio de punto de vista, por supuesto, para que al lector no le choque la modificación brusca del tono. Veremos más sobre las perspectivas en los apartados de contenido.

Si te decides por una perspectiva única o por un narrador omnisciente, no es recomendable saltar de un tono a otro con la facilidad de un lémur enfurecido. Del mismo modo, intenta evitar ese error tan común de empezar una novela con tres páginas de texto elevadísimo y sobreadjetivado para luego pasar a una prosa llana y simple.

39. No te repitas

La repetición se ha empleado como recurso estilístico desde tiempos muy antiguos, pero siempre es un riesgo. Por cada repetición que se usa de manera voluntaria y eficiente, hay tres que se nos escapan y que hacen que nuestro texto sufra por ello. Aquí están las repeticiones más comunes que debemos evitar:

• **Repeticiones de palabras.** Para esto debemos hacer buen uso de nuestros lectores cero. Por lo general, no reconocemos nuestras muletillas y la ayuda de una mirada externa puede ayudar bastante. Pero recuerda, en tus revisiones, estar muy pendiente. No me refiero solo a aquellas palabras y expresiones que todos usamos demasiado (*sin embargo, así pues, en este caso...*), sino a aquellas que se nos escapan en un mismo párrafo o página (vigila con especial atención a los adjetivos y a los verbos, los culpables más comunes). Si percibes que hay ciertas palabras que usas más que otras, búscalas en el texto usando la herramienta correspondiente de Word (o del editor que utilices): si ves que aparecen mucho, acuérdate de modificarlas por sinónimos o expresiones equivalentes (¡pero cuidado con repetir también demasiado esas expresiones equivalentes!). También es buena idea tener una pequeña lista de aquellas palabras o expresiones que tiendes a usar en exceso, para luego mirarla cada vez que realices una corrección. Y no olvides que realizar cambios sobre el texto puede dar lugar a erratas: ¡acuérdate de revisarlo todo otra vez después de realizar las modificaciones pertinentes!

• **Rimas.** La repetición de sonidos también puede ser un problema, ya que distraen al lector y lo sacan de ese sueño de ficción que tanto nos interesa crear con nuestro texto. Recuerda que el sonido es crucial para el oído (figurado) del lector, y no solo conviene evitar rimas internas (repeticiones silábicas), sino también aliteraciones involuntarias (repeticiones fonéticas, es decir, repeticiones de los sonidos de las letras): «Las sirenas sisearon y subimos asqueados a los submarinos».

• **Repetición involuntaria de estructuras**. Una repetición siempre debe ser voluntaria. Debe responder a una intención estética. Analiza tus párrafos y frases: ¿repites una y otra vez las mismas estructuras? Es posible que necesites la ayuda, de nuevo, de otro lector. Es muy difícil reconocer nuestra propia pesadez.

Por lo general, ¿cómo podemos hallar y solucionar este tipo de entuertos? Leyendo nuestros textos en voz alta. El oído captará problemas e interrupciones que nuestro cerebro no «escucha» al leer para nosotros.

Y ya que hemos hablado de muletillas, acuérdate también de revisar tus diálogos. En la vida real la gente se repite mucho y es normal que eso se refleje un poco en un diálogo que intente ser verosímil. Por otro lado, a los lectores les aburren los diálogos demasiado auténticos, esto es, diálogos donde los personajes se repiten más que una pipirrana.

40. Mide tus oraciones

Es posible que una de las mayores diferencias entre escritores aficionados y auténticos artistas de la lengua sea la conciencia acerca del ritmo. Para un aficionado, el ritmo es algo que surge solo y se va creando según hilan las musas. Para un experto, el ritmo puede ser una música calculada y compuesta de un modo casi científico.

La extensión de tus oraciones, por ejemplo, influye mucho en la musicalidad y fluidez de cada página. No abuses de las oraciones muy largas, de las subordinadas eternas. Úsalas con precisión, insertadas con pericia quirúrgica entre oraciones más cortas. Juega con el largo de tus frases y averigua cuáles son los efectos; compara los resultados. Te sorprenderás de la diferencia que puede hacer en el ritmo general de la lectura el cortar un párrafo (¡intenta no pasarte con los párrafos largos, deja respirar al lector!), acortar varias oraciones, simplificar el texto y luego introducir una pieza más compleja.

Piensa que lo que es igual aburre; es en la diferencia donde está lo emocionante. Juega a alterar el orden de tus frases y descubre el efecto de cada una de ellas.

Puedes leer más sobre esto en: http://www.hojaenblanco.com/la-ortografia-la-gramatica-y-el-arte-de-la-escritura/

23 trucos para sacarle el máximo resplandor a tu contenido

1. Ese principio

El principio suele ser nuestro hijo favorito. Sale de cuando cogimos el texto con muchas ganas, inspiración y fantasías sobre baños de amor de multitudes de lectores fervientes. Pero el principio es mucho más que eso: es lo que hará que el lector siga leyendo o no.

Hay mucho debate sobre la conveniencia de empezar una obra en medio de la acción. Desde luego el *in medias res* es un buen modo de meter al lector de lleno en la novela desde el principio. Pero no es obligatorio, ni mucho menos. Lo importante es evitar errores tan comunes como estos:

• Comenzar con una descripción larga. Ya sea una descripción del tiempo, del entorno o de un personaje, no es conveniente arrancar con párrafos y párrafos de descripción. Ni textos de ocho páginas sobre un amanecer, ni soltar datos interminables sobre el mundo que has descrito. Lo de que el protagonista se asome a un sitio muy alto y describa la ciudad entera se lo perdonamos a Clarín, porque después el prota se bajó del campanario y dio comienzo a una de las mejores obras escritas en nuestro idioma; igual a ti no te lo van a perdonar tanto. No aburras al lector de entrada. Tienes que engancharlo.

• Del mismo modo, evita una gran densidad en esas primeras frases: evita recargar con millones de recursos y adjetivos, a no ser que seas David Foster Wallace y creas que tienes posibilidades de salirte con la tuya. No plantes un inmenso párrafo largo. Dale al lector tiempo para respirar desde el principio. Si lo agobias, pensará que todo el libro será así y no tardará en abandonarte. Tampoco cargues las primeras páginas con la presentación de montones de personajes: dale al lector la oportunidad de ir conociendo a tu gente poco a poco; es la mejor forma de que les coja cariño.

• El despertador. No. A no ser que seas capaz de darle un giro divertido/sorprendente/original a algo tan manido como el «suena la alarma y el personaje se levanta», mejor que vayas cambiando ese arranque. Y esto se aplica a cualquier tipo de comienzo. Procura eludir aquello que has visto mil veces en libros y películas. Sí, algunos tópicos siguen funcionando, pero si puedes mostrarte un poco original, el lector te lo agradecerá.

Recuerda que, ante todo, esas primeras páginas hacen que el lector decida si merece la pena seguir dedicándole tiempo y esfuerzo a tu libro, o si es hora de buscar otra cosa. En general, cuanto más original sea el comienzo, más posibilidades tienes de intrigar al lector y de conseguir que se quede contigo durante el resto del camino.

Hay muchos supuestos expertos que imponen muchas reglas acerca de cómo tiene que ser un comienzo: que si tiene que dar información lo ante posible sobre el protagonista, su conflicto, etc. Esto probablemente sea bueno para el superventas medio, para interesar al lector desde el principio, pero es un recurso tan sobado y a veces tan evidente que puede acabar produciendo el efecto contrario. Tal vez te ayude pensar en tu primera página como en un anuncio: ¿qué puedes hacer para conseguir la atención de tu lector con rapidez? ¿Qué información lo intrigará lo suficiente como para seguir leyendo?

Obviamente, tu novela no es un publirreportaje. Pero sí que puede ayudar usar un poquito de *copywriting* para que el lector no se distraiga al principio, para que quiera seguir leyendo todo lo demás que tienes para ofrecer. Y es que la redacción «para vender» es justo eso: escribir cada frase de tal modo que tu lector necesite leer la siguiente.

2. Dale marcha

¿Tiene toda tu obra un ritmo constante o hay grandes bajadas y subidas? Te interesa mantener la atención del lector, por lo que deberás tener cuidado con los momentos descriptivos, escasos de acción o diálogo, donde te arriesgas a perder el interés de quien te lee.

Ahí va un ejercicio sencillo para analizar el ritmo de tu obra. Lo vamos a hacer mediante la acción y las emociones:

Cambia la fuente de tu novela al mínimo que crees que podrías leer (tamaño 8 o 9) y reduce un poco los márgenes. La idea es que tu texto se quede en el menor número de páginas posible. Esto puedes hacerlo directamente en tu editor de texto y mirarlo en pantalla, pero funciona mejor lo siguiente: imprime esas página reducidas y colócalas en orden en el suelo (o en una pizarra/mesa gigante de trabajo, si eres rico y tienes una habitación muy grande para estas cosas), delante de ti.

Con rotuladores o lápices de colores, ve haciendo grandes equis en cada página, usando, por ejemplo, el rojo para las escenas románticas, el azul para la acción y el verde para escenas informativas y/o descriptivas. Puedes usar más colores para más opciones si lo deseas (por ejemplo, un morado para información fundamental, que desvela sorpresas o resuelve misterios).

¿Qué colores predominan en tu obra? ¿Hay mucho verde seguido? Mira a ver en qué capítulos te falta acción (aquellos donde hay más descripción/información secundaria) y verás el patrón del ritmo de tu novela.

Esto también puede ayudarte a reconducir tu obra si te estás ciñendo a un género concreto. ¿Estás escribiendo novela negra y hay mucho rojo? Igual te interesa meter más acción o misterio. ¿Estás creando romántica y todo está lleno de azul? ¡Eh, te recuerdo que es una novela romántica!

Esto puede hacerse con fichas o con programas como Scrivener, y también puedes hacerlo con una hoja de cálculo o una tabla de Word, que vayas marcando en colores. Pero tenerlo todo delante de ti, todo el texto, de manera tan visual, es mucho más eficiente. (Y sí, lo siento. Dije que era sencillo, no que saliera barato en tinta de impresora, también conocida como sangre de unicornio).

He leído diversas variaciones de este método, pero la primera vez que lo vi fue aquí: http://writetodone.com/2-amazing-ways-revise-novel/

La idea es poder tener tu novela a la vista y entender cómo están funcionando las estructuras por ritmo. Esta comprensión es una de las bases fundamentales del poder de «enganchabilidad» de un texto.

3. ¿Saben hablar tus personajes?

Otro debate muy común es el que lleva años de pelea entre el bando a), que dice que hay que darle expresiones coloquiales y acentos y etc. a tus personajes para proporcionarle más realismo al asunto y el bando b), que dice que eso es una horterada que no se traduce nada bien al papel y que te limites a que hablen todos igual.

Como siempre, yo me apunto al bando XY73, que opina que ni una cosa ni la otra. Las palabras malsonantes, las expresiones locales o los errores gramaticales intencionados pueden ayudar a definir a tu personaje, ¡pero no abuses! Recuerda también que si utilizas expresiones muy actuales, de moda, hay muchas posibilidades de que de aquí a unos años se queden obsoletas.

Del mismo modo, es difícil reproducir bien la forma de hablar de determinado segmento de población si no lo conoces bien. Un ejemplo típico es el de autores adultos que escriben juvenil y que muestran a personajes jóvenes que usan expresiones como «tope guay» o «chachi piruli». Me gustaría ver la cara que se les queda a los lectores adolescentes al leer este tipo de términos, pertenecientes a un extraño argot televisivo de otros tiempos, con el que ellos tienen poco que ver.

En cuanto a los tacos y palabrotas: también, con mesura. Úsalos siempre con cuidado y solo si aportan algo al texto. Y lo mismo: si no eres una persona que suela utilizar tacos en su vida cotidiana, ándate con ojo de cómo los uses en tu obra. Si tienes por costumbre usar palabrotas en cada frase que pronuncias, por otra parte, debes entender que no todos tus lectores lo hacen y que un exceso de tacos puede entenderse como pobreza léxica.

4. Cabezas flotantes

Ya que estamos con el tema de los diálogos, hay otra pregunta importante que tienes que hacerte, algo que ya mencionamos en apartados anteriores: ¿están hablando tus personajes en el vacío?

Ten en cuenta que el lector necesita pequeños detalles de ubicación que le indiquen qué está ocurriendo mientras hablan tus personajes, algo que le dé movimiento y realismo a la escena. Mira este diálogo:

—¡Hola, Lilith!

—¡Belcebú, cuánto tiempo sin verte!

—¿Qué tal anda tu hija? Me han dicho que no se le da nada bien eso de liderar un ejército de súcubos.

—No sé de qué me hablas. Pepita puede con todo, ya lo sabes.

—Ya.

Y ahora mira este:

—¡Hola, Lilith!

Belcebú le dedicó una gran sonrisa llena de dientes puntiagudos. Lilith se estremeció; aquel amasijo de porquería siempre le provocaba arcadas. Pero sabía que debía ser amable o por lo menos fingirlo:

—¡Belcebú, cuánto tiempo sin verte! —Lo dijo con el rostro quieto, serio. No, ella no era capaz de sacar una sonrisa.

—¿Qué tal anda tu hija? Me han dicho que no se le da nada bien eso de liderar un ejército de súcubos. —Belcebú apretó un poco más el torno de la máquina de tortura y el pobre condenado dejó escapar un alarido de terror. El demonio rio, complacido. No era de los que más mandaban en el Infierno, pero por lo menos sabía hacer bien su trabajo.

Lilith miró hacia las montañas, hacia los volcanes rebosantes de lava, como si allí hubiera algo mucho más interesante.

—No sé de qué me hablas. Pepita puede con todo, ya lo sabes.

—Ya. —Belbecú giró el torno de nuevo. El condenado gritó más fuerte, ya ronco, antes de desmayarse de dolor.

Como ves, hay una gran diferencia. Ahora ya tenemos un escenario y sabemos qué están haciendo los personajes. Ya no son meras cabezas flotantes. En el apartado sobre la regla de tres ya hablamos de las acotaciones de diálogo: ahora es cuando tienes que meterlas.

Más información sobre cómo utilizar acción y entorno para enriquecer el diálogo aquí: http://www.gabriellaliteraria.com/bessie-blue-y-otros-recortes/

5. No solo vemos

Así es: no solo vemos. No solo hay que describir lo que nos rodea desde una perspectiva visual. ¿Tiene tu narrador olfato, tacto, oído? ¿Habla de lo que escucha, huele, toquetea? Tampoco es cuestión de realizar una descripción completa de todo lo que hace y siente, pero la inclusión de otros sentidos puede darle al lector una sensación más viva y directa del entorno que buscas transmitir. Habla del sabor de un vino, del olor de una persona (¡para bien o para mal!), de la sensación en la yema de los dedos del protagonista cuando lanza esa tremenda bola de fuego o cuando roza sin querer a la chica que le gusta.

Lo dicho: sin pasarse. Tampoco necesitamos una descripción multisensorial de cómo va el protagonista al baño. *Puaj.* Eso guárdatelo para ti, señor escritor (aunque, de nuevo, depende mucho del género que estés escribiendo).

En lo que se refiere a la vista, no hay que quedarse solo en lo evidente. ¿Qué colores intervienen en la escena? ¿Puedes pintar lo que rodea al personaje? El poder del contraste cromático es grande; imagínate lo que debe de ser para un lector contemplar un entorno con colores luminosos, chocantes, enfrentados a los tonos grises, apagados, de la vestimenta del protagonista. Puedes hablar de la luz, de la vivacidad o de lo mortecino; puedes hablar de la textura y brillo del escenario; de las curvas y rectas que conforman este decorado. Las palabras son pintura: úsalas como si fueras un artista privilegiado.

Recortar es importante; hay quien dice que una buena novela ha tenido un 10% de tijera metida en su borrador. Pero si ves que a tus escenas les falta ambientación, contexto, prueba a rellenar un poco con las sugerencias que acabo de hacerte.

6. ¿Tienen sentido tus metáforas?

Detrás de las metáforas y los símiles hay toda una ciencia. Incluso hay especialistas empeñados en analizar de qué manera activan estos recursos nuestro cerebro (os sorprendería saberlo: se crean caminos neuronales diferentes, reacciones en partes del cerebro muy distintas). Imagínate el poder que eso puede darle a tu texto: estar hablando de la belleza de alguien, decir que es delicioso/a, y que se active no solo aquello relacionado con la vista y el placer estético, sino aquello relacionado con el sabor y la comida. La metáfora nos hace pensar de un modo distinto y eso potencia un texto de manera indescriptible. Pero para sacarles el máximo rendimiento a nuestras metáforas deberíamos seguir tres reglas fundamentales:

• **No valen las metáforas muertas:** Si decimos, por ejemplo, «dientes como perlas», a nuestro cerebro le va a importar bien poco. ¿Por qué? Porque es una comparación tan usada, tan sobada, que ni pensamos en qué es, en qué significa. La única imagen que se nos viene a la cabeza es la de un autor vago y un poquito cursi.

• **Tienen que tener sentido:** Uno de los errores de muchos escritores (sobre todo de los autores de canciones románticas) es pensar que cualquier unión de elementos a comparar es válida, siempre que quede bonita. ¡No es así! Claro que algunas metáforas y símiles son más complejos que otros, pero tiene que haber una asociación lógica de significados para que terminen de encajar. Por ejemplo: «Me regalas corazones de mariposa» es muy bonito. ¿Pero tiene sentido alguno? ¿Habla de un hechizo que hace que las mariposas se arranquen los corazones a tu alrededor? ¿Quedas rodeado/a de asquerosos pedacitos de bicho muerto? ¡Quién sabe! Enseguida es evidente que se trata de la típica imagen creada por simple impacto visual. Lo cual es efectivo, pero no tanto como una relación establecida con sentido lógico, por muy convulso que sea este.

• **No podemos abusar de este tipo de recurso**, ni de las comparaciones en general. Se corre el riesgo de aburrir al lector, de detener la experiencia fluida de lectura. Además, un exceso metafórico resta efecto a cada uno de nuestros esfuerzos. Cuanto más sencillo sea un texto, mayor impacto tendrá el recurso que decidamos usar, por una sencilla cuestión de contraste.

Si quieres ampliar conocimientos sobre el uso correcto de la metáfora, el símil y la comparación, tres herramientas muy poderosas, tienes este artículo de mi blog:
http://www.gabriellaliteraria.com/recursos-indispensables/.

7. ¿Respetas tus propias decisiones?

Si tu protagonista es rubio, debes recordar que es rubio. Si lleva una chaqueta roja, no puede llevar un impermeable verde en la escena siguiente. Parece evidente, pero es muy fácil (sobre todo en el complicado entorno de la novela) olvidarnos de este tipo de detalle. De la misma manera, para llegar a B, tenemos que acordarnos de pasar por A. Si a media novela un personaje habitual amarra su dragón a la puerta de la posada (mala idea, por cierto), más nos vale haberle dicho al lector que 1) el personaje tiene un dragón, 2) el personaje iba montado en un dragón y 3) el personaje no entiende muy bien cómo funcionan los dragones ni las puertas.

Si quieres añadir que 4) el personaje lleva dinero suficiente encima como para pagarle al posadero los desperfectos, eso ya es cosa tuya.

La coherencia es otro de esos puntos en los que necesitaremos de la ayuda de un lector externo. No obstante, podemos intentar evitar lo peor manteniendo una cronología por escrito de la sucesión de los hechos de nuestra novela, un pequeño esbozo de mapa para calcular bien distancias y tiempos, y algunas notas puntuales en cada capítulo para recordar modificaciones de vestuario, ubicación, etc.

También son útiles las hojas de personaje, para que un personaje no comience la novela siendo Gracia, 15 años, estudiante rubia y pizpireta, y acabe siendo Germán, 56 años, albañil moreno y taciturno.

8. Escenas pegajosas

Creo que uno de los problemas que más nos afecta como escritores es la distancia entre nosotros y el lector. Quiero decir que muchas veces tenemos cosas muy claras en nuestra mente y creemos que, por tanto, el lector también las entenderá a la perfección.

Esto se refleja, también, en las escenas. Tendemos a escribir del tirón, uniendo una cosa con otra. Y los grandes maestros saben hacerlo: saben hilar una escena con otra sin que haya costuras. Pero muchos de nosotros no somos grandes maestros, qué le vamos a hacer.

Si cambias de escena, ofrece alguna separación. Pon un párrafo y aparte o cambia de capítulo. Dale al lector un espacio físico donde respirar, un hueco que sirva de separador.

Observa este ejemplo:

María Elena me miró como si estuviera loco y sacudió la cabeza. No cabía ni un ornitorrinco más en el coche y teníamos que llegar a casa de su hermana lo antes posible:

—Ni uno más —dijo y sacudió la cabeza de nuevo—. En mi Seat Panda no cabe ni uno más. Y no podemos llegar tarde a casa de Susana.

Susana abrió los brazos para recibir a los ocho ornitorrincos que sí habíamos conseguido meter en el coche.

Esto es confuso. No solo por el dilema de qué hacer con tanto ornitorrinco en un vehículo tan pequeño, sino porque de repente vemos aparecer a Susana. ¿De dónde ha salido? Mira ahora:

María Elena me miró como si estuviera loco y sacudió la cabeza. No cabía ni un ornitorrinco más en el coche y teníamos que llegar a casa de su hermana lo antes posible:

—Ni uno más —dijo y sacudió la cabeza de nuevo—. En mi Seat Panda no cabe ni uno más. Y no podemos llegar tarde a casa de Susana.

Susana abrió los brazos para recibir a los ocho ornitorrincos que sí habíamos conseguido meter en el coche. Habíamos conseguido llegar, al fin, cuatro semáforos en rojo más tarde.

¿Ves la diferencia? El paso entre una escena y otra es fluido: ofrecemos no solo una separación tipográfica, sino una referencia para la distancia (temporal, de lugar, etc.) entre una escena y otra.

Esto puede parecer algo muy básico y sencillo, pero muchos escritores fallan aquí. Nunca está de más revisar las escenas, repasarlas una por una y ver cómo se ha manejado el cruce de una a otra, cómo se han ido enlazando.

9. Tijera y más tijera

Cuando terminas el primer borrador de tu novela, pueden pasarte dos cosas:

—Que te hayas pasado contando párrafos y párrafos de cosas que no interesan a nadie o…

—Que todo se vea muy vacío, demasiado simplón y carente de detalles.

Lo curioso es que pueden pasarte ambas cosas a la vez. Sí, uno puede dedicar líneas y líneas a contar asuntos que nada sirven para la historia, y a la vez hacerlo con un lenguaje pobre.

Por suerte hay dos trucos para arreglar estos problemas:

—Coge cada párrafo, cada escena, y pregúntate de qué forma contribuyen a la historia. Si no ayudan a tirar de la narración hacia adelante, a que pasen cosas, seguramente sobran. Incluso en la construcción de mundos, en esos detalles que enriquecen la presentación de nuestros personajes y su entorno, pregúntate si son fundamentales para la historia, pregúntate qué aportan. Si la respuesta es «nada», lamento decirte que es hora de recortar.

—No confundamos la pobreza de lenguaje con la sencillez. La sencillez es buena, es eficiente, no cansa al lector. Usamos las palabras justas, como debemos usarlas. Pero si crees que tu lenguaje es pobre, es decir, repetitivo y con un vocabulario escaso, ahí te va un truco: coge una lista de palabras aleatorias (hay una en http://es.thefreedictionary.com/, por ejemplo) y mira dónde puedes usarlas en el capítulo en que estás trabajando. Lo bueno de esta lista es que sobre todo te proporciona verbos y sustantivos (no tanto adjetivos), que son las palabras que realmente necesitas para aderezar bien tu texto y conseguir que este avance con buen ritmo. Te obligará a usar tu creatividad y a realizar combinaciones originales, hará que se te ocurran nuevas ideas y formas de enfocar el texto.

También puedes usar algunos de los trucos de los que ya hemos hablado en el capítulo sobre las descripciones multisensoriales.

Las tijeras deben ser también nuestras aliadas para deshacernos de la redundancia. Es importante leer el texto con la intención de «apretarlo» lo más posible. Pongo aquí un ejemplo:

La altísima Malena tuvo que agacharse al cruzar la entrada, ya que la puerta no era tan alta como ella.

Veamos. ¿Acaso no queda claro, si Malena tiene que agacharse, que la puerta no era tan alta como ella? Y si Malena tiene que agacharse al cruzar una entrada, ¿no sabemos ya que es muy alta?

Malena tuvo que agacharse al cruzar la entrada.

Ahí lo tenemos: elegante y con toda la información necesaria. Veremos más sobre la redundancia un poco más adelante.

Aquí entra también aquello tan importante de mostrar en vez de contar: en vez de contarle al lector que Malena es alta, se lo enseñamos al hacer que se agache para pasar.

10. El pecado del *datadumping*

Ya, está muy feo de mi parte que te diga que no uses palabros en inglés y que luego los use yo, ¿verdad?

Tal vez la primera lección de este libro tendría que haber sido algo del estilo de «haz lo que yo diga, no lo que yo haga». Pero qué le vamos a hacer: «soltar datos sin venir a cuento a diestro y siniestro» o «saturar al lector con datos excesivos» no quedaba tan bien como *datadumping*.

¿Y qué es eso del *datadumping* (también conocido como *infodumping*)? En literatura, se refiere a la mala costumbre de algunos escritores de soltar un montón de información que realmente no encaja en su contexto. Es una manera vaga de ofrecer información que el lector necesita (o que al autor le apetece contar) en el sitio menos natural del mundo. Ocurre a menudo en las novelas de fantasía y ciencia ficción, cuando se nos cuenta de golpe la historia, sociología, política e índice IBEX de este mundo que el autor ha creado; pero también puede ocurrir en cualquier novela, cuando de repente nos cuentan todo el pasado de la protagonista, nos narran una anécdota que no tiene nada que ver con la trama principal o nos meten una descripción de tres páginas de una ciudad que ni siquiera es la ciudad donde se desarrolla la mayor parte del argumento.

¿Cómo podemos evitarlo? Podemos recurrir a esa regla de tres de la que hablamos antes. Solo utilizaremos tres frases a la vez de descripción y ambientación (en general, de *worldbuilding* o construcción de mundos). Ni una más.

Así, si tienes un mundo posapocalíptico donde la gente se alimenta de baterías de coche viejas, sobran parrafadas interminables sobre cómo se desarrolló en el pasado la ciencia que llevó a que las baterías fueran comestibles. Bastan tres frases (como máximo) aquí y allá. Cada tres frases de recordar (o explicar) el pasado tienes que traer a tu personaje de vuelta al presente. Los diálogos son una buena forma de conseguir esto, y con la regla de tres evitamos que se conviertan en monólogos artificiales que parecen lecciones de historia. Por ejemplo:

—Y entonces, bueno, lo que pasó con el doctor Smith… no te acordarás, tú eras muy pequeña. Reunió a los líderes globales y les propuso que invirtieran en su laboratorio. Nos quedábamos sin comida y…

—¿Sin comida? —interrumpió Flo—. Pero ¿y las reservas? ¿Y el ganado argentino?

Lara resopló y se apartó el flequillo del ojo izquierdo. Siempre se le estaba cayendo; Flo no podía entender por qué no se lo cortaba de una vez, con esos ojos tan bonitos que tenía. Lara siguió:

—El ganado argentino ya fue devorado por los zombis en el 2111, ¿es que no os enseñan nada en el colegio?

Como puedes ver, entre las explicaciones de Lara sobre el pasado metemos una reflexión de Flo del presente, una interacción entre las dos que trae de vuelta al lector a lo que le interesa. Al usar un diálogo dinámico, evitamos la típica descarga aburrida de información que hace que el lector quiera usar nuestro libro como tope para la mesa coja de operaciones que tiene en el desván. Sí, esa que usa para viviseccionar a autores que abusan del *datadumping*.

Échale un ojo a tu texto y busca los grandes bloques descriptivos. Prueba a usar la regla del tres para descomponerlos y darles movimiento. Y recuerda que este tipo de recursos también sirven de alternativa al *flashback* o retrospectiva tradicional, una herramienta que, mal utilizada, puede aburrir hasta el agotamiento.

Y, créeme, es difícil encontrar una retrospectiva en novela bien utilizada. Si te empeñas en usarla, es conveniente realizar capítulos separados que funcionen como *flashback*. No recomiendo a nadie que se meta en la pesadilla de coherencia y ortotipografía que es colar flashbacks de una escena a otra o, ¡peor!, dentro de un solo párrafo.

Si quieres más trucos para no aburrir a tu lector con descripciones excesivas, también puedes leer este artículo de Alejandro Quintana: http://oficiodeescritor.com/como-hacer-una-descripcion/.

11. Eso era evidente

Es posible que hayas oído hablar del pleonasmo. Es una figura retórica que por lo general se considera torpe, debido a la redundancia de lo que expresa. Así es: el pleonasmo expresa lo innecesario. El ejemplo más conocido es el de «subir para arriba». Como es evidente, subir ya es para arriba, así que esta forma es repetitiva. El pleonasmo, en todas sus variantes, tiende a ser una pista bastante clara de que nos encontramos ante un escritor poco avispado.

Podemos caer en ese tipo de error de muchas otras maneras. Todos, en alguna ocasión, hemos dado explicaciones que sobraban o hemos usado perífrasis, y vueltas y más vueltas para expresar algo sencillo. Fíjate en esta frase:

> Agarró el pomo de la puerta principal con las dos manos. El pomo, que era de metal reluciente, brillaba en la puerta. La puerta estaba a la entrada a la casa.

Si ya hemos especificado que la puerta es principal, no hace falta decir que está a la entrada de la casa. Del mismo modo, todos sabemos que las manos son dos, así que podríamos eliminar ese número, y, a no ser que utilice los pies para agarrar cosas, ya sabemos que usa las manos. Si el metal brilla, ya sabemos que es reluciente. Si podemos simplificar las oraciones para no ofrecerle información redundante al lector, el efecto será mucho más fluido. Aquí hay algunas opciones.

> Agarró el pomo de la puerta principal; relucía en sus manos.

> A la entrada de la casa, agarró el pomo reluciente de la puerta.

> Agarró el pomo metálico de la puerta principal de la casa.

Según lo que queramos enfatizar (las manos, el pomo, la puerta), podemos redistribuir las oraciones como queramos. Pero verás que con muchas menos palabras pueden expresarse las mismas ideas y obtener como resultado frases bastante más elegantes.

Esto encaja también con el siguiente apartado.

12. ¿Me lo dices o me lo cuentas?

Seguramente te sonará el mantra para escritores «show, don't tell». Pero ¿qué significa esto? y ¿es un consejo válido al 100%? Más o menos.

Este consejo se traduce como «muestra, no cuentes». Aunque contar es necesario, porque a veces las cosas hay que explicarlas sí o sí, es mucho más eficiente mostrarle al lector los elementos que quieras que conozca, de manera directa. Así, en vez de explicar, como si fuéramos una enciclopedia, que los edificios de nuestro mundo imaginario suelen ser muy altos, simplemente podemos mostrar a un personaje dándole al botón de planta 83 al entrar en el ascensor.

Otro sitio donde este consejo es muy necesario es en la presentación de personajes. Si interrumpimos la narración para decirle al lector que Belinda es rubia, mide 1,80 y suele vestir de forma provocativa, hacemos que este tenga que detenerse para asimilar dicha información y pierda el hilo de lo que andábamos narrando. Es mejor que le digamos que juguetea con un mechón de su pelo rubio, que para hablar con un personaje bajito tiene que agacharse un poco o que se ajusta la minifalda al levantarse de la silla.

Repito: esto no significa que no pueda explicarse ni contarse absolutamente nada. Pero tengamos mucho cuidado con lo que ya hemos visto del *datadumping*, esa costumbre de los escritores no experimentados de soltar, de golpe y porrazo, un montón de información. Por ejemplo, puede resultar muy irritante que, en medio de una escena de acción, el ritmo se detenga para que uno de los personajes nos cuente (en tres páginas) la jerarquía social de su mundo. Es mil veces más eficiente mostrar, enseñar esa jerarquía a través de las acciones y experiencias de los personajes.

Cuando estés escribiendo y cuando corrijas, acuérdate de buscar los puntos donde estás contándole algo al lector y pregúntate si podrías estar mostrándolo. No siempre será posible, pero saber hacerlo es una de las marcas más notables de un buen escritor.

13. Saltando de cabeza en cabeza

Para hablar de la voz narrativa necesitaríamos otro libro entero y el mercado ya está lleno de libros que lo hacen. Pero hay algo básico que cada vez tenemos que tener más presente al escribir.

Hace unos siglos estaba muy de moda utilizar una especie de voz omnisciente que no se cortaba a la hora de meterse en los diferentes pensamientos de los personajes de una novela. De este tema hablaba Henry James, protonarratólogo donde los haya, al mencionar aquella «casa de muchas ventanas» que era la novela moderna. Pero James también advertía que solo hay dos o tres puertas, es decir, solo hay ciertas maneras eficientes de narrar algo. Y hay un número limitado de perspectivas que podemos usar a la vez.

Hoy en día, eso de saltar de los pensamientos de un personaje a los de otro ha pasado un poco de moda (hay algunas excepciones, como *Las luminarias* de Eleanor Catton, pero incluso esta lo hace como homenaje intencionado a las novelas de otro tiempo). Nos hemos acostumbrado a una perspectiva única. No quiero decir que solo pueda haber una perspectiva en toda una novela, sino que solemos ver las cosas, como lectores, desde una mirada a la vez. Lo aceptable, por lo menos para el lector contemporáneo, es tener la visión de un solo personaje por escena.

Te pongo un ejemplo:

Macael miró a Cassandra y se sintió encendido: ella era sin duda la doncella más hermosa que hubiese visto jamás. ¡Oh, cuán hermosa era! La subió a su yegua y juntos partieron en busca de un futuro añorado y refulgente juntos. Cassandra se ruborizó como el día en que su madre la había llevado de tiendas por primera vez. ¡Macael era tan guapo y caballeroso! Probablemente tardaría mucho en intentar manosearla. Ella pensó que para entonces ya sería tarde: para entonces ella ya tendría todos sus datos bancarios y el PIN de su cuenta en Suiza.

Como microrrelato tal vez nos podría servir, pero como parte de una novela o narración larga puede resultar desconcertante para el lector andar saltando de una sensación a otra. En ese ejemplo vemos dos perspectivas diferentes a la vez, se entremezclan de forma desordenada. Aunque esto no es incorrecto de por sí, funcionaría mucho mejor que primero describiéramos las sensaciones de uno y que en la escena o capítulo siguiente habláramos de las del otro: que nos concentrásemos en las sensaciones de uno a la vez. Esto, además, alarga la intriga y distribuye mejor la entrega de información.

También es fundamental mantener la coherencia de la voz narradora. Si eliges una omnisciencia aséptica, no saltes sin previo aviso (y de manera improvisada) a un estilo indirecto libre, por ejemplo. Revisa tu libro escena por escena y asegúrate de que dentro de cada una se mantiene la coherencia: una sola perspectiva y el mismo estilo narrativo para toda la escena. Lo ideal sería mantener dicha coherencia para todo el capítulo (si usas capítulos) o sección; y que cualquier cambio de persona, estilo o perspectiva responda a una necesidad narrativa lógica.

14. ¿Cuánto pesan tus personajes?

A no ser que te dediques a la ficción especulativa más dura, cuyos lectores tienen mayor interés en el planeta que ha sobrevivido al apocalipsis nuclear que en las pobres personas a las que ha afectado dicho apocalipsis, tus personajes van a ser elementos imprescindibles de la narración. Ya puedes crear un mundo alucinante, una trama ingeniosísima o el mejor desenlace de la historia de la novela negra: si tus personajes caen mal (o peor, ni caen), puedes dar por sentado que tu obra pasará sin pena ni gloria.

Hay varias maneras de crear un personaje memorable, pero por ahora nos vamos a centrar en aquello que hace que un personaje NO sea digno de recordar:

- **El estereotipo:** Piensa bien en tu personaje. ¿Tiene características que has visto muchas veces, en todas partes? Esto no tiene por qué ser malo: hay tipos de personajes que funcionan muy bien. Pero cuidado con aquello que tu lector se habrá encontrado en demasiadas ocasiones; procura ofrecerle algo un poco diferente.

Y lo mismo con las descripciones. Revisa las descripciones de tus personajes. ¿Utilizas adjetivos como *alto*, *guapo*, *gordo*, *moreno*, *listo*? ¿Y si intentas expresar eso mismo, usando otro tipo de comparaciones? Por ejemplo, si necesitas expresar que un personaje es gordo, puedes decir que un michelín le sobresalía por encima de los pantalones; si es alto puedes hacer que se golpee en la cabeza con la lámpara del techo; si es estudioso puedes meter en un diálogo un comentario acerca de los resultados de sus exámenes. Volvemos a lo de siempre: todo lo que puedas mostrar en vez de contar directamente le añadirá valor al texto y lo hará más tuyo, más real. Recuerda que las personas de verdad son complejas, llenas de detalles e imperfecciones: si buscas verosimilitud tendrás que evitar los estereotipos.

• **La Mary Sue* o Gary Stu:** ¿Alguna vez te has encontrado con ese personaje perfecto, del que todo el mundo está enamorado, al que se le da todo bien y que es el héroe o heroína de la historia? Con frecuencia los autores metemos trasuntos de nosotros mismos en las narraciones, imágenes de lo que nos gustaría ser. Un lector lo pilla al vuelo y lo único que conseguirás es que le coja manía al personaje. Los que leemos no queremos protagonistas perfectos: queremos protagonistas con quienes nos podamos identificar.

• **El maniqueísmo:** Los buenos muy buenos y los malos muy malos aburren. Del mismo modo que necesitamos identificarnos con tu héroe, también queremos identificarnos con tu villano. ¿Tienes un malvado muy terrible, al que solo le hace falta empezar a reírse a carcajadas? Dale algunas sombras de gris; dale motivación; dale, en cierto modo, algo de razón.

Sobre la creación de malos originales y de antihéroes interesantes, puedes leer más aquí:

http://www.gabriellaliteraria.com/tiempo-para-escribir/

Y sobre la creación de personajes, te recomiendo este enlace, que incluye varios de mis artículos sobre este tema:

http://www.gabriellaliteraria.com/category/personajes/

*Últimamente veo alguna confusión entre la expresión «tener una Mary Sue» y «hacer un Peggy Sue». No son lo mismo. Lo segundo hace referencia a la película de 1986 *Peggy Sue se casó* y se refiere al recurso narrativo por el que un personaje revive ciertos eventos de su pasado y tiene la oportunidad de tomar decisiones distintas a las que tomó en su momento.

15. Secundarios desaparecidos

¿Cuántas veces has creado un personaje porque sí, porque te lo pedía la historia y justo entonces te pareció el personaje más importante del mundo? Luego la historia avanza, la trama con ella, y cuando llega la hora de revisar te encuentras con que tienes a un tal Saturnino al que le gustan los collares de pinchos y beber calimocho con absenta después de las tres de la madrugada, pero el pobre Saturnino ya no aparece más en toda la novela.

Los personajes, al igual que el resto de los elementos de la novela, tienen que servir para algo, aunque sea para hacer un decorado más creíble. Si has contado la vida y milagros de Saturnino y luego no aporta nada al resto de la narración, lo siento mucho, Saturnino, pero vas fuera, y mira que me gustaban tus collares de pinchos.

Los secundarios deben tener sus propias personalidades y peso. Un personaje que solo existe para acompañar o motivar al protagonista es un personaje olvidable, aburrido. Pregúntate no solo qué función desempeña, sino cómo es, cuál es su historia. No tienes que contarla toda en tu novela (o no acabarías nunca), pero sí tienes que conocerla hasta cierto punto, ya que ese conocimiento se reflejará en el realismo con el que tratas a tus personajes. Cuidado también con los secundarios que empiezan potentes, fuertes, con protagonismo, y que poco a poco se van desinflando (este es un problema muy habitual con los personajes femeninos. Si no sabes si tu personaje femenino pinta algo o no en tu novela, prueba a pasarle estas cuatro pruebas: http://www.gabriellaliteraria.com/apesta-tu-personaje-femenino-4-maneras-de-comprobarlo/).

Cada elemento de tu novela tiene que contar. Si metes algo y luego ya no recuerdas para qué sirve, ese algo sobra.

Exactamente lo mismo ocurre con las escenas. Si una escena no consigue que la trama avance, si no aporta información relevante (aunque sea darle forma al mundo que hemos creado), esa escena debe ir fuera. Ya lo hemos dicho en un apartado anterior: la tijera es tu amiga.

16. El corazón de tu novela y la transformación del héroe

Dicen que en todas las grandes novelas el héroe no es el mismo al principio que al final de la narración. Dorothy tiene ganas de aventura y de salir de Kansas, pero al final lo único que quiere es volver a casa. Para bien o para mal, ha cambiado, ha evolucionado. Si quieres saber realmente cuál es el corazón de tu novela, de qué va en realidad, solo tienes que preguntarle al héroe al final qué ha aprendido.

Esta pregunta es muy útil, también, a la hora de corregir nuestra obra. Si tenemos muy claro qué ha aprendido el héroe, qué conocimientos trae de regreso a los suyos, qué le grita a la sociedad desde los tejados, podemos asegurarnos de que el resto de la novela siga esa corriente, que rodee a ese mensaje principal que es el corazón de la obra. También es el momento, ahora que revisas y relees, de introducir pequeñas pistas y símbolos que apunten hacia ese corazón. Mira, por ejemplo, la película *Alien*. Recuerdo que leí un artículo que expresaba que la película tenía un tema soterrado siempre presente: la violación. Puedes estar de acuerdo o no, pero si te fijas, toda la estética de Alien gira alrededor de ese tema; el diseño orgánico de Giger y el movimiento del alienígena nos recuerdan a algo sórdido y sexual, con la maternidad como tema relacionado.

Aprendamos de Giger. Si hemos decidido que el corazón de nuestra historia es la violación, la mejor manera de enriquecer el texto es ir creando capas de sentido gracias a elementos que recuerdan a la violación y a la sexualidad en general. Decoremos nuestro texto con elementos de anticipación, pequeñas pistas no claras de lo que le espera al héroe. E insertemos piezas, decoración, que comuniquen nuestro tema al subconsciente del lector.

Cuidado. Generalmente, los protagonistas se transforman, sí. No son los mismos que cuando empezó la obra. Pero debemos recordar que tienen una personalidad básica. Puede cambiar su forma de ver las cosas, pero debemos respetar cierta coherencia psicológica. No podemos tener a un personaje tímido e introvertido en un capítulo que sea una bestia de las fiestas en el capítulo siguiente. La coherencia emocional e intelectual es muy importante en todos los personajes, pero es en los protagonistas donde está la atención plena del lector.

17. La magia de lo inesperado

Cuando estés revisando tu texto, para de vez en cuando y pregúntate: ¿qué es lo que el lector esperaría que hiciese ahora?

Si a continuación has hecho exactamente eso, lo que el lector espera, tal vez merezca la pena plantearse un cambio.

Y lo mismo con tus personajes. ¿Ha actuado este personaje de una forma muy previsible?

Tienes que mantener la coherencia de su personalidad, sí, pero eso no quiere decir que dentro de su complejidad como ser humano (o animal o alienígena) no pueda coger y hacer algo sorprendente.

Lo inesperado puede ser bueno y puede ser malo, por supuesto. Hay un tipo de elemento inesperado que no queda nada bien en una novela, y es aquel que sale de la nada. El más famoso, tal vez, sea el *deus ex machina*, ese dios fuera de la máquina, ese superhéroe que aparece de repente para salvar al protagonista de una muerte segura.

Es ahí donde está la importancia de la anticipación, de dejar pequeñas pistas de lo que va a suceder, de colgar ese fusil de Chéjov en el sitio adecuado para que luego no nos desentone cuando se dispare. Debemos darle pistas al lector para que sepa que ese superhéroe existe, para que, cuando finalmente aparezca para salvar al protagonista, el lector diga: «¡Claro, el superhéroe! ¿Cómo he podido olvidarlo?».

Todo esto debe llevarse a cabo de forma sutil, sin que el resultado sea predecible.

Esto tampoco es fácil, no. Como todo, es cuestión de práctica, pero si lo consigues le dará una calidad especial a tu obra.

La mejor forma de aprender a crear intriga y giros sorprendentes es buscar libros, series y películas donde te han intrigado y sorprendido, y analizar a fondo qué elementos se han usado, qué pistas (verdaderas y falsas) se han dado para conseguir ese efecto en ti como lector o espectador. Las series de televisión son, tal vez, las que mejor manejan la intriga, ya que tienen que mantener la atención del espectador semana tras semana. Y usan formas de narrativa que puedes aplicar en tu novela, siempre que respetes, a su vez, el ritmo y nivel de detalle que tu texto te exija.

18. No eres nada conflictivo

Si quieres que tu lector tenga interés en lo que le estás contando, vas a tener que poner a tus personajes en apuros.

Vas a tener que ser un escritor excepcional si quieres escribir un texto de más de mil palabras donde todo el mundo es feliz y nunca pasa nada, y que alguien lo disfrute. Lo que impulsa a la trama de cualquier narración es el conflicto, el problema, el miedo a la pérdida.

Y tiene que haber riesgos reales, de ahí esa mención al miedo a la pérdida. ¿Qué es lo que teme perder tu protagonista? ¿Su familia, su estabilidad laboral, su integridad física? Si no hay nada de importancia en juego (o por lo menos algo de importancia para el personaje, no olvidemos a Patrick Bateman con esas terribles tarjetas de visita en *American Psycho*), no habrá un conflicto real.

Vas a tener que hacerte algunas preguntas. Hay quien dice que tiene que haber como mínimo un conflicto por página en tu novela. Puede que eso sea excesivo, a no ser que escribas *thriller* de acción. Hay quien dice que basta con un conflicto por escena, y de nuevo digo que depende del tipo de libro que escribas. Pero el conflicto tiene que estar ahí. Y cuanto más, mejor.

¿Por qué gusta tanto el conflicto? ¿Por qué engancha al lector? Hay una teoría en particular que me encanta. Es aquella que se relaciona con el efecto Zeigarnik, un efecto psicológico por el que solemos recordar mejor aquello que está incompleto.

El cerebro gusta de cerrar ciclos. No le gusta nada quedarse con tareas a medias. Por esto, si tienes una canción metida en la cabeza, es bastante eficiente pensar en el último verso. Al hacerlo, el cerebro cierra ese ciclo interminable y se acaba lo de tararearse a uno mismo el *Saturday Night* de Whigfield a estas alturas del siglo XXI.

Un conflicto significa un obstáculo. Algo que impide al protagonista cumplir con su objetivo. Y un obstáculo hace que el cerebro se cabree. Tiene que cerrar el ciclo. Tiene que terminar la tarea. El subconsciente le dice a nuestra conciencia que tiene que hacer un plan de acción para terminarla. Tiene que seguir leyendo, tiene que saber cómo consigue el protagonista cumplir su objetivo.

Cuanto más conflicto, más «irritas» el cerebro de tu lector y lo obligas a seguir leyendo para cerrar el ciclo. Mejor recuerdas aquello que queda sin cerrar, quieres regresar a cerrarlo. Y de ahí ese fenómeno de «enganchar» que tan bien funciona para vender libros y para que la gente insulte por internet a George R. R. Martin.

Hay herramientas concretas para hacerlo de forma aún más evidente y para obligar al lector a seguir leyendo tras un sitio de posible abandono (como el final de un capítulo o una escena descriptiva). El *cliffhanger*, por ejemplo. Pero por ahora pregúntate lo siguiente:

¿Tiene tu novela bastante conflicto? ¿Tienen obstáculos tus personajes?

Para más información sobre cómo usar el efecto Zeigarnik para crear tensión en tu novela, puedes leer este artículo de mi blog:

http://www.gabriellaliteraria.com/el-efecto-zeigarnik-y-como-puede-ayudarte-con-tu-novela-y-otros-recortes-literarios/

19. Achucha el corazón de tu lector

Hay muchas maneras de meterle emoción a un texto. Una de ellas es utilizar palabras que indiquen emoción en las descripciones, incluir referencias emotivas dentro de la perspectiva de tus personajes. Pero también hay otro punto importante, algo que hará que a tus lectores les importe lo que les pase a tus protagonistas: ¿cómo metemos emoción en el contenido?

Necesitas que tus lectores sientan algo. Y para eso tienes que tratar muy mal a tu personaje. Tienes que arrebatarle lo que es más importante, tienes que ofrecerle maravillas y quitárselas de delante de las narices, una y otra vez. Si tu personaje va pegando brincos felices de capítulo en capítulo, probablemente a tu lector no le importe mucho lo que le ocurra. En el apartado anterior hemos hablado de la importancia del conflicto y los obstáculos.

Dicho esto, ya está muy visto eso de matar personajes a mansalva*, y no hablemos de torturar, violar y maltratar por morbo, porque sí. Si vas a apalizar o humillar a un personaje, procura que no sea gratuito (a no ser, claro está, que te especialices en erótica BDSM).

Un truco curioso para expresar mejor las emociones que están sufriendo tus personajes (y, por tanto, para crear una respuesta emocional en tus lectores) es adoptar físicamente sus gestos y expresiones. Nuestro cuerpo y nuestras emociones están vinculados a niveles más que conscientes. Algunos estudios indican que sonreír podría hacer que nos sintamos más alegres (porque el cerebro interpreta que si sonríes es que estás contento), que andar muy erguidos nos da confianza, etc. Es como utilizar ingeniería inversa: utilizamos primero la postura o gesto para conseguir la emoción. Si quieres expresar tristeza en tu personaje, escribe con una mueca triste y el cuerpo hundido, descontento (la música triste también ayuda).

Recuerda también que no solo los personajes sienten de forma directa. Puedes trasladar sus emociones a objetos inertes. De este modo, si decimos que «Marisa recordó los árboles felices, el riachuelo alegre», no es solo que a nivel metafórico estos objetos tengan emociones (un árbol frondoso, feliz; un riachuelo ruidoso, con corriente, alegre) sino que las relaciones entre los recuerdos de Marisa y estos objetos son nostálgicas y felices. Este es otro método para embellecer tu texto de una manera funcional, que transmita de modo indirecto, delicado.

Si con todo esto sigues algo atascado/a con eso de producir emoción en tus lectores, ahí van algunas ideas, algunos recursos que puedes utilizar. Solo tienes que hacerte algunas preguntas:

• ¿Lo pasan mal tus lectores con el personaje? Es decir, ¿le pones las cosas muy difíciles al personaje, tanto y de tal manera que tus lectores sufren con este/a?

• ¿Hay algo en tu novela que produzca ciertas reacciones en el lector? Me refiero a algo que choque, que produzca asco, pena, excitación o incluso reflexión. Para ello puedes probar a crear contrastes: combinar ocio con sufrimiento, inocencia con perversión, belleza con podredumbre... juega con una contraposición inesperada de elementos para agitar las emociones de tu público.

• ¿Hay algo oscuro en el mundo que has creado? ¿Algo que asuste, algo que incomode?

• ¿Tiene realmente algo grande en juego el protagonista? ¿Hay una auténtica posibilidad de muerte, de pérdida o de cambio insoportable en la vida que conoce?

Las respuestas que des a estas preguntas pueden indicarte dónde están las carencias en tu novela y darte ideas nuevas sobre cómo achuchar un poco el corazón de tu querido lector.

*No obstante, pienso seguir haciéndolo.

20. Evita las documentaciones gaseosas

¿Qué es una documentación gaseosa? Una que no es nada sólida. La podríamos haber llamado *líquida*, pero me gusta más lo de gaseoso porque es la documentación que sale de la nada, la que no podemos encontrar ni ver porque a) el autor se la ha inventado o b) se basa en un error o en una información incompleta.

Es evidente que una documentación no tiene por qué ser perfecta. Como novelistas, podemos tomarnos pequeñas libertades (si no, no existiría la novela histórica: no tenemos manera de saber exactamente todos los detalles de lo ocurrido en el pasado). Podemos jugar con el «y si», y cambiar determinadas cosillas a voluntad, para que nos encajen bien en la historia, siempre que eso no interfiera con la coherencia de la historia ni mienta al lector. Así existen las ucronías, por ejemplo, que toman un punto histórico y se dedican a modificarlo para especular y crear una alternativa interesante.

Sí es importante que procuremos abastecernos de todos los datos relevantes para la historia que vamos a tratar. Podemos mencionar en nuestra novela a Robin Hood y a Helena de Troya, pero en un texto realista no podremos decir, como hecho indiscutible de nuestra documentación, que se casaron entre ellos y tuvieron nueve hijos.

Cuidado con aquello que simplemente no es cierto en el contexto realista. Decir que John Deacon era el bajista de los Beatles puede colar si los lectores no saben mucho de música, pero si no estás creando un universo alternativo y pretendes ofrecer un mundo de no ficción, veraz, puedes irritar con esa afirmación a más de un melómano.

Asegúrate de mirar y remirar tus fuentes, de comprobar todos los datos y la información que puedas respecto a todo lo que das como verdadero en tu obra. Aquí ayuda también tener la máxima cantidad posible de lectores cero. Alguno de ellos sabrá que John Deacon estaba con Queen (esperemos).

21. Tu opinión no nos interesa

Tus personajes pueden tener todo tipo de opiniones. De hecho, es recomendable. Queremos personajes complejos, con los que el lector puede estar o no de acuerdo.

Lo que no gusta tanto al lector es encontrarse con autores que quieren dejar muy claras sus opiniones, demasiado claras, de una manera que pretenda persuadir al lector. Un buen texto deja en manos del lector sacar sus propias conclusiones y las moralejas al final del cuento con rima incluida pasaron de moda hace ya unos siglos.

Todos estamos condicionados por nuestras creencias e ideologías, pero una de las cosas que más irritan a un buen lector es que el autor sea transparente en su intento de evangelización. Si queremos que nos convenzan de algo, si queremos conocer posturas distintas a las nuestras, leemos ensayo, no ficción. No nos gusta que nos estén contando una historia donde quede claro que el autor intenta aplicar un criterio moralista o donde procure ponernos de su parte respecto a su propia postura política, por ejemplo.

Además, es mucho más eficiente convencer mediante la sutileza. Si quieres educar a tus lectores sobre los peligros de la contaminación, basta con mostrar un mundo terrible donde el medio ambiente está en las últimas, no es necesario que tus personajes digan cada tres frases que este mundo es así porque los ciudadanos del siglo XXI no hicieron nada al respecto.

¿Eres transparente con tus posturas personales? Puedes persuadir si quieres, pero ten mucho cuidado de no ser demasiado descarado o conseguirás el efecto contrario.

22. Suelta ese cabo

Hay muchas peleas también sobre los finales abiertos. Los lectores, por lo general, prefieren que una historia quede cerrada, que los conflictos queden resueltos. Eso no quita que puedas tener un final donde la cosa no termine de resolverse del todo, donde quede una ventana abierta a la esperanza o al riesgo (recuerda, por ejemplo, ese clásico final de película del terror donde se ve una mano salir de la tierra o ese momento de cierre en que intuimos que el asesino realmente no está muerto). Algunos de los mejores relatos que he leído no tenían finales claros; algunas de las mejores novelas que he leído dejaban abiertas diferentes posibilidades.

Sí recomiendo cerrar la trama central. No hacerlo es un engaño para el lector: este ha invertido muchas horas de su vida en tu libro, generalmente para saber cómo va a acabar todo. Si todo no acaba, puede sentirse estafado. Luego ya puedes elegir qué otras subtramas o componentes de la trama central puedes dejar sin un cierre definitivo.

Una advertencia: dejar una historia abierta no es lo mismo que dejarla en el aire. Contar una historia para luego olvidarla y que no se vuelva a saber del tema suele ser síntoma de escritor aficionado. Cada elemento de tu texto tiene que tener valor y significado. Si tienes subtramas, procura cerrarlas o por lo menos hacer alguna referencia a ellas. Si tu protagonista pierde a su padre, no pretendas que en el final todos estén de celebración y felicitándose por haber vencido al mago malvado de la torre negra sin acordarse siquiera de que hay que derramar unas lagrimitas por papá.

Los finales pueden ser peliagudos. Y hay muchos finales que ya no convencen. Ahí van unos cuantos:

—**Todo ha sido un sueño**. Esto no tendría ni que decirlo. Inclúyanse aquí sus variantes: todo ha sido una simulación de realidad virtual; todo ha sido un cuento narrado a un niño; todo ha sido una especulación, algo que nunca ocurrió. En su momento fueron recursos originales; ya no tanto.

—**Finales demasiado complejos o incomprensibles.** A no ser que seas Kazuo Ishiguro o Haruki Murakami, no intentes esto en casa. Claro que puedes tener un final complejo, pero un final lleno de datos complicadísimos y confusos ha destrozado muy buenas historias. Una cosa es intentar ser más listo que el lector; otra es que este acabe tu libro rascándose la cabeza, sin saber qué pensar. Es difícil encontrar la línea que separa algo complicado e inteligente de algo que no tiene sentido y que no encaja con el ritmo y estética de todo lo anterior; aquí, de nuevo, tu mejor amigo es tu lector cero.

—**Un giro que no viene a cuento.** Los giros están muy bien y a todos nos gustan. Pero un giro no puede ocurrir porque sí, del mismo modo que el *deus ex machina* del que hemos hablado en este libro no puede salir de la nada. Para que un giro funcione, tiene que haber elementos de anticipación que hayan proporcionado datos o pequeñas pistas al lector de lo que está por venir (siempre que no sean tan evidentes que el final se vea venir de lejos). El ejemplo más claro es el de *Ciudadano Kane*: vemos el trineo al principio de la película (y no tenemos mucha idea de por qué) y al final averiguamos que... bueno, por si queda alguien ahí fuera que no la ha visto, no os la estropeo (¡pero vedla!).

—**Un final demasiado acelerado o demasiado lento.** El final es una parte más de la trama y debe encajar en el ritmo del libro en general. No pretendas resolver una trama complicadísima de cuatrocientas páginas en tres párrafos, ni extiendas un final más allá de lo necesario (esta es una de las quejas principales aplicadas a *El retorno del rey*, de Tolkien, debido al anticlímax que supuso para muchos toda la historia posterior al enfrentamiento final entre buenos y malos).

Ni cabos sueltos, ni malos finales. Después de todo el trabajo que te has dado para escribir (¡y corregir!) tu libro, no pretenderás echarlo todo a perder con un final imperfecto, ¿verdad?

Tanto hablar de finales me va muy bien para el siguiente apartado, que es el último de este libro.

23. El truco final

¡Enhorabuena por llegar hasta aquí, hasta el último truco de la lista! ¡Te has leído todo el libro!

O igual te has saltado la mayoría de los puntos y has venido corriendo a leer este. Pero yo pensaré que este libro te ha sido de utilidad y que ahora miras tu novela con el amor de quien ha hecho un buen trabajo.

Ahora es cuando te doy la mala noticia.

Tu libro no es perfecto.

Esto que ves aquí no es más que lo básico. Todos los pequeños capítulos de este libro surgen en relación a los errores más comunes que suelen encontrarse en los manuscritos. Todas esas cosas que echan atrás a editores y, cómo no, a muchos lectores. Seguir a rajatabla todas estas indicaciones no significa que ahora tengas entre tus manos una obra maestra. Escribir es un arte difícil, lleno de aspectos mucho más sutiles de lo que hemos podido discutir aquí.

Así que aquí te dejo el último truco, el truco definitivo para corregir tu libro. Es el truco definitivo para mejorar todo lo que escribes.

Sigue escribiendo. Más y más y más. Es en la práctica donde está esa perfección.

Y si la perfección no existe, lo más cerca que puedas llegar.

Tienes que terminar esta corrección en algún momento, ya lo sabes. Publica este libro: mándalo a editoriales, autoedita, lo que quieras. Compártelo y ponte a otra cosa.

Sigue escribiendo. Cuanto más escribas mejor podrás aplicar todos estos puntos y antes encontrarás todos los que faltan.

Sigue escribiendo. Ese es mi último truco para ti.

Lista práctica de preguntas

Aquí te dejo una lista rápida de todas las preguntas que puedes ir haciéndote al corregir, todas las que hemos explicado a lo largo del libro.

Preguntas de corrección general

1. ¿Estás preparado/a para enfrentarte a tu texto de manera objetiva y no personal ni susceptible ni sensiblona?

2. ¿Has realizado, o vas a realizar, como mínimo dos correcciones: ortotipográfica y de contenido?

3. ¿Sabes cuántas revisiones vas a aplicar? ¿Dejas pasar un tiempo entre una y otra?

4. ¿Has leído tu texto en voz alta (o le has pedido a alguien que te lo lea)?

5. ¿Has buscado un sitio diferente para corregir al sitio donde escribiste tu novela?

6. ¿Has realizado un esquema con la estructura de tu novela y lo tienes a mano al corregir?

7. ¿Has probado a realizar una corrección empezando por el final?

Preguntas de corrección particular

8. ¿Has mirado todas las correcciones en las que insiste tu procesador de texto?

9. ¿Te has asegurado de que todo concuerda en número, género y forma verbal?

10. ¿Le has dado prioridad al orden lógico de las oraciones y a las formas más sencillas?

11. ¿Has evitado abusar de las formas complejas de los verbos?

12. ¿Has evitado abusar también de la voz pasiva?

13. ¿Has usado bien todos tus gerundios? ¿No hay ninguno que sobre?

14. ¿Son tus adverbios terminados en -mente los justos y necesarios?

15. ¿Has sido coherente con tus tiempos verbales?

16. ¿Todas tus oraciones llevan verbo?

17. ¿Has colocado bien tus adjetivos?

18. ¿Has usado las palabras precisas para cada ocasión?

19. ¿Te has preocupado por eliminar tus conectores más pesados?

20. ¿Usas las subordinadas con mesura?

21. ¿Cada coma está donde debe estar? En concreto, ¿has conseguido que no haya ni una detrás de sujeto?

22. ¿Sabes poner las comas en las condicionales?

23. ¿Y en los vocativos?

24. ¿Estás usando bien el *que*?

25. ¿Tu puntuación es digna de admiración?

26. ¿Has enumerado con arte y salero?

27. ¿Has utilizado bien los puntos suspensivos?

28. ¿Sabes colocar comillas (y cursiva) donde hace falta?

29. ¿Colocas bien los signos de interrogación y exclamación?

30. ¿Has puesto bien las rayas de diálogo?

31. ¿Te has llevado bien con los verbos de habla?

32. ¿Has aplicado la regla de tres en tus diálogos?

33. ¿Puedes recortar más adjetivos?

34. ¿Están bien puestas todas tus mayúsculas?

35. ¿Has usado las tildes correspondientes en exclamativos e interrogativos?

36. ¿Te manejas con la tilde diacrítica?

37. ¿Has colocado todas las tildes involucradas en el hiato y el diptongo?

38. ¿Has sido leísta? ¿Y loísta? ¿Y laísta?

39. ¿Has respetado la diferencia entre *por qué*, *porque*, *por que* y *porqué*?

40. ¿Has revisado todas tus palabras extranjeras?

41. ¿*Debes de* o *debes*?

42. ¿Estás usando la palabra exacta para el momento exacto?

43. ¿Has utilizado expresiones tópicas, cansinas?

44. ¿Todas tus oraciones están bien redactadas, tienen sentido?

45. ¿Utilizas un estilo coherente según la escena o novela completa?

46. ¿Te repites?

47. ¿Has analizado la extensión de tus oraciones?

48. ¿Cómo es tu principio? ¿Atrapa al lector o es un refrito de mil principios de otros autores?

49. ¿Has analizado tu novela para saber dónde falla el ritmo?

50. ¿Hablan en condiciones tus personajes?

51. ¿Tus personajes tienen un entorno donde moverse? ¿Hacen algo mientras hablan?

52. ¿Describes con todos los sentidos?

53. ¿Utilizas bien la metáfora y otras comparaciones similares?

54. ¿Has encontrado todas tus incoherencias?

55. ¿Has separado bien las escenas que pedían separación?

56. ¿Has recortado bastante?

57. ¿Has vencido al demonio del *datadumping*?

58. ¿Has caído en la redundancia más redundante?

59. ¿Me lo dices o me lo cuentas?

60. ¿Respetas las perspectivas o haces saltos majestuosos de trampolín de una cabeza a otra?

61. ¿Son redondos tus personajes o más planos que la mesa de un arquitecto?

62. ¿Ha desaparecido algún secundario?

63. ¿Cuál es el corazón de tu novela?

64. ¿Sabes manejarte con el factor sorpresa?

65. ¿Hay bastante conflicto en tu novela?

66. ¿Has conseguido emocionar a tu lector?

67. ¿Te has documentado bien?

68. ¿Nos estás dando tu opinión?

69. ¿Has atado los cabos que había que atar?

70. ¿Has escrito hoy?

Si has conseguido todo esto, mis aplausos y enhorabuenas. ¡Pero no te vayas todavía, que hay más!

Este libro no acaba aquí

—Si te ha gustado esta obra, la mejor forma que tienes de echarme una mano es recomendarla. Deja una reseña en Amazon. Recomiéndala a otros escritores que creas que podrían disfrutarla.

—Si necesitas motivación periódica, y más datos y anécdotas sobre el curioso oficio de escribir, puedes seguirme en mi web, www.gabriellaliteraria.com, donde hablo de escritura, literatura y otras obsesiones poco sanas.

—Si quieres recibir notificaciones cuando saque más libros o sortee cosas u otros eventos importantes, puedes suscribirte a mi lista de correo (http://www.gabriellaliteraria.com/lista-de-correo). Solo envío un correo cada dos o tres semanas y puedes darte de baja cuando quieras. Mis correos son pequeños artículos que no salen en mi página web.

—Y si quieres más, puedes leer cualquiera de mis libros de ficción (*Lectores aéreos*, *El fin de los sueños*, *Crónicas del fin*, *El día del dragón*...).

—¿Has encontrado un enlace roto, una errata, quieres comentarme algo del libro o preguntarme alguna duda? Escríbeme a gabriella@gabriellaliteraria.com.
Me encantará hablar contigo.

Notas a esta edición impresa

Aunque la versión original de *70 trucos para sacarle brillo a tu novela* salió en 2016, en su momento solo estuvo disponible en formato digital. Esto se debía a una cuestión muy sencilla: simplemente quería ver cómo funcionaba antes de meterme en el berenjenal de maquetar, diseñar y poner al día una edición en papel. Pero los escritores que compraban el eBook insistían en que el libro se prestaba al subrayado y al manoseo, y que lo necesitaban en un formato más tangible. Fui aplazándolo una y otra vez, debido a otros proyectos urgentes que surgían, pero en 2018 al fin decidí que la cosa no podía esperar más.

No hay grandes cambios en esta edición, aparte de esta nota que lees. No la llamaría una segunda edición como tal. La versión original se ha revisado y he puesto al día un par de apuntes menores que los lectores me señalaron, pero poco más. También tenemos un unicornio en la contracubierta, porque Libertad Delgado me echó una mano con la composición de la cubierta para papel y... bueno. Ya sabéis cómo soy con los unicornios.

Una de las cosas que me gustaban del formato eBook era que permitía al lector acceder a mucha más información disponible en internet, si quería ampliar conocimientos sobre alguno de los apartados, siempre que su lector electrónico lo permitiera. He mantenido muchos de los enlaces en esta versión en papel, y recomiendo que los visitéis, aunque toque apuntarlos a mano.

Espero que también disfrutéis de mi criatura con su olor a libro nuevo. Y que os ayude aún más a sacar lo mejor de vuestra obra.

Notas finales de la autora y agradecimientos

Corregir es sin duda una tarea ingrata y mal pagada, pero creo que todo escritor que quiera aprender debería hacerlo de vez en cuando para otros. Corregir para los demás es la mejor manera de entender el funcionamiento del lenguaje, estudiar el ritmo de las palabras, aprender sobre nuestras propias limitaciones y defectos, y de cómo subsanarlos. Por suerte, he tenido muchos clientes maravillosos, escritores que arrancaban con esto de juntar letras en serio, pacientes y modestos, que no se enfadaban demasiado cuando yo me dedicaba a desmigar a sus bebés favoritos en mis correcciones e informes de lectura. Y a otros, escritores muy profesionales y experimentados, que permitían que sacara las entrañas de sus criaturas entre aspavientos de lectora endemoniada. De todos he aprendido y me he dado cuenta de que los que escribimos tenemos muchos monstruos en común.

Gracias como siempre a mi familia, que me ha aguantado en mis tiempos de correctora y lectora 24/7. A Ebo, el gato más paciente del multiverso, que viene a hacerte compañía mientras trabajas, seas correctora, lectora, escritora o avitualladora de naves espaciales. A Juan Antonio Fernández Madrigal y a Ana Cruz, que se prestan como conejillos de indias lectores cero sin quejarse ni nada. A Elena Pastor y David Gambero, que me dan de comer y beber y palmaditas en la espalda (que para un escritor es lo más importante del mundo); a José Morilla por escuchar (una habilidad en franco desuso).

Gracias a José Antonio Cotrina otra vez, por soportar mis largos debates conmigo misma donde intento desvelar los secretos de cada texto que leo. Y por decirme que fuera de

Andalucía nadie sabe lo que es una pipirrana: como verás, señor demiurgo, cuando leas el libro ya publicado, no siempre te hago caso, aunque suelas tener razón. Gracias a Antonio «Gorinkai» Rivas, por el truco de *narices* para las interrogativas, aunque a mí me lo contó con *cojones*. Gracias también a Alfonso Faci, por hacerme la portada y dibujarme un dragón, porque en mis libros siempre tiene que salir un dragón por algún lado, y a Libertad Delgado, por ocuparse del diseño de contracubierta, con su correspondiente dibujito monísimo.

Y tú, que me lees, gracias a ti también: recuerda que la tijera es tu amiga, que los ojos críticos son tus mejores aliados. Para todo lo demás están el efecto Dunning-Kruger, el síndrome del impostor y todas esas cosas, que nos hacen pensar que somos mejores de lo que somos cuando no sabemos nada y peores de lo que somos cuando sabemos mucho.

Una vez hayas hecho todo lo posible, encógete de hombros y lanza tu obra al mundo. Son los lectores los que deciden. Son crueles, porque son personas y tienen sus gustos y todo eso. Pero no importa, porque para cuando opinen ya deberías estar escribiendo (y corrigiendo) otro texto.

Eso es lo maravilloso de la relación autor-lector en el mundo actual: si no les gusta, siempre puedes escribir otro.

Escribe otro, y otro y otro.

Nada te detiene.

35434045R00092

Printed in Poland
by Amazon Fulfillment
Poland Sp. z o.o., Wrocław